社長の資産を守る本

社長の資産専門税理士
清[illegible] 著

セルバ出版

はじめに

本書を手にとっていただき、ありがとうございます。

昨年末に出版した『図解 子50歳・親80歳までに絶対知るべき生前相続』（セルバ出版社刊）は、おかげさまで好評をいただいております。

ありがたいことに、お客様やお付き合いのある業者さんからの相続に関するお問い合わせが増えていて、誰に相談していいかわからない方々が本当に多いのだな、と感じている昨今です。

一方で、最近はさまざまな社長さんとのご縁が増えて、お話させていただく機会を多く持つことになりました。

思うのは、社長さんは会社の存続や成長、発展を本気で考えている素晴らしい方々である、ということです。

それは当然のことかもしれませんが、一方でご自身のことを後回しにしているのでは？　と感じることも、少なくありません。

会社を経営していれば、将来的には事業承継やバイアウト、会社の手仕舞いといった「事業の」大イベントが訪れます。

そして、退任後の暮らし、相続といった「ご自身の人生の」イベントがやってくるのです。

普段なかなか考えない将来の大きなイベントについて、少し時間をとって考えていただきたい。

これが、本書を出版しようと思った目的です。

現実として、事業承継や相続、そしてご自身の人生を考えていなかったために、大変な思いをしている社長さんは少なくありません。

ただ、「緊急ではなく、重要」なことの解決は、簡単に、短時間でできるものではなく、ある程度時間をかけてしっかりと考える必要があります。

ご自身で考えてもラチがあかないことが多く、お子様や奥様・ご主人様、後継者とも話し合うことが欠かせません。

でも、どこから、どのように考えればいいのか、ある程度のポイントの整理やヒントがなければ、そもそも話が始まりませんね。必要なのになかなか着手しないのは、そんな要因もあるのではないでしょうか？

本書を読んでいただきたいのは、まずは60歳を過ぎて、

「そろそろ社長の交代や事業承継、自分の相続を考える時期なのかな…」

と思っている社長さん。

そして、年齢に関係なく「自分は、本当にこの会社が大事なんだ」と思っている社長さんです。

会社をご自身の命よりも大切に思っているような社長さんもたくさんいて、そんな方々を応援し、サポートしたいといつも考えています。

わたしが父の跡を継いで事務所を経営し始めたとき、とても悲しく感じたことがあります。

それは、「ハッピーリタイア」ができる中小企業の社長さんが少ないことです。「銀行からの借入金さえ返せたら、もう御の字だよね」と言う社長さんが多くて、それをとても寂しく感じました。

家庭を顧みずに働き続け、最後は借入金を返して終わり、という社長さんが多い世の中でいいはずがありません。

たとえお子様が会社を継がなかったとしても、「この会社をやってきてよかった。自分たちの余生のためのお金はできていて、もちろん借入金はゼロ。夫婦2人が元気で、楽しい老後を過ごしていける！」と思えることは、社長さんという重責を長年担ってきた人たちにこそ、本当に必要なのではないでしょうか。

もちろん、人生はいつ・何があるかわかりません。もしも道なかばで社長さんに万が一のことがあっても、残された奥様とお子様が、とくにご年齢を重ねた奥様が路頭に迷うことなど、あってはいけません。

家まで失ってしまうなど、もってのほかです。

でも、何の計画も立てず、先のことを考えずに会社経営をしていると、最悪な事態に陥ってしまうかもしれません。

わたしが参加している社長の会の人たちが、こんな最期を迎えていると知ったら、誰も中小企業の社長をやろうなどとは思いません。

もしあなたが社長なら、ご自身が亡くなったあとも、奥様やお子様が余裕を持った生活をできるような状態を考えましょう。

お子様がすでに社会に出ていれば、自分の力で生活できるのかもしれませんが、まだ親が面倒を見なければならない年齢のお子様を抱えている場合もあります。

やはり、お金の余裕はとても大切なのです。

わたしが税理士になったのは、「バブル」と言われる時代でした。

高級な車を何台も買い、お金を浪費して結局会社を潰してしまった人がたくさんいた時代でもあります。

でも最近は、堅実な人がほとんどです。

もちろん、ゴルフも人間関係をつくるために大事なものですが、基本的に放漫な会社経営はあまりおすすめできません。

心がまえが整っていない社長さんがお金を手にしてしまうと、「使ってもいいや」ということになってしまいます。

でもきちんと考えると、無駄に使っていいお金はほとんどないはずです。

業種によって異なるため一概には言えませんが、1億円の売上をつくっても1000〜1500万円ほどしか残らなかったとしたら、利益率は10〜15％程度です。

無駄にお金が使える状態ではないことが、この数字からわかっていただけることでしょう。

いつ、何があるかわからないですし、備えも必要です。

売上が5億円になり、安定的に人を雇い始めたとしたら、今度は人件費の問題が出てきます。

これほどまでの売上をあげられるようになると、ひとりで仕事をすることは難しくなっているので、人手が必要となります。

そして人が増えることで、人の問題やいろいろなトラブルも出てくるでしょう。

常に緊張している必要はありませんが、油断しすぎてはいけません。

本書の目的は、次のことが実現できる社長さんになるためのヒントを提供することです。

・自分が引退するときにバイアウトせず、会社が安泰な状態である
・会社にお金が残り、事業継承が可能な状態である
・ご自身が引退をするときには、会社にも家族にも十分潤沢な資産が残っている状態である

対策は、早ければ早いほどいいものです。

奥様やお子様たちに、大変な思いをさせないための対策が立てられる。

支払うべきものは支払いながらも、何も知らなかったことによって、あとでたくさん支払う必要が出てきてしまうことが起こらないための対策ができる。

自分で支払うべき金額の計算をしていたのに、それが見立て違いで全然残らなかった、ということが起こらないようにする。

取り返しのつかないことにならないための対策をたくさん説明することで、気をつけるべき点を

解説する。

本書が目指すのは、そんな本です。

わたしは父から受け継いだ会計事務所を20年にわたって運営してきたので、社長さんのお気持ちは多少なりともわかっているつもりです。

税理士の立場、社長の立場から、僭越ながらいろいろなお話をさせていただきます。

本書では、多くの社長さんがついつい後回しにしてしまうポイントや考え方を詰め込みました。

本書をきっかけに、会社も人生もしあわせで豊かな社長さんが増えることを、心から願っています。

清野　宏之

2023年8月

社長の資産を守る本　目次

第2章　よりよい経営をするために

第3章　経営と生活のバランスを考える

第4章　税金や税務署に対する考え方

第5章 「人」から考える相続・事業承継

第1章　社長として心がけてほしいこと

1　社長が陥りがちなこと

多くの社長は会社の資産はわかっていても、自分の個人資産をわかっていない

ほとんどの社長は、会社の財産のことは、なんとなくわかっています。

会社の財産とは、工場や設備に関わるものです。これらのことはわかっていますが、自分の個人資産がいくらあるのかを言える人は多くありません。

また、奥様やお子様が、じつはご主人様が経営する会社にほとんど行っていないのにかかわらず、お給料をもらっているケースもあります。

以前は、税務署が税務調査に来たときに、「奥様は何を行ってこの給料をもらっているのですか？」と聞かれることがよくありました。

ところが最近は、気難しい社長や税理士が一緒になって日本国の憲法などの話を持ち出し、

「公務員は、民間の人の給与に口出すことは許されていませんよね」

と主張することも多くなりました。

「税務署の人が、わたしたちの給料を高い・安いと決めるのはおこがましいことではないですか？」

と言われてしまうため、税務署もトーンダウンして、いまは言われることが少なくなりました。

でもこれは、「給与」という名目で所得分散が行われているケースです。

社長は、「家族内にお金があるのだから、問題ない」と思っていても、厳密には社長の財産と奥様の財産、お子様の財産は別物です。

家族へ分散することで、社長が実際に持っているお金がいくらなのかがわからなくなってしまいます。これは、相続のときに大きな問題としてあらわれるかもしれません。

どこまでがご自身の資産なのかをわかっている社長は少ない

また、税理士が自社の株価をきちんと計算してくれていればいいのですが、できていない会社が多いように見受けられます。

自社の株価は、儲かれば儲かるほど上がります。でもその株は、上場していないと売りにくいですよね。

このように目に見えない資産の塊ができてしまっているため、社長によっては自分の財産が本当はどのくらいあるのかがわからなくなっています。

40代くらいの社長で、バイアウトを考えている人は別ですが、一般的に「株価を考えて経営しています」と言う人はあまり多くありません。

会社をつくったときの資本金、たとえば1000万円が現時点でいくらになっているのかを、意識していないということです。

まずは、売上や利益をしっかり上げていくことに優先順位を高く置いている社長のほうが多いと言えます。

なぜなら、従業員を養っていくうえで必要なことだからです。

ですから、社長個人の資産を増やすよりも会社を儲けさせてどんどん大きくして、従業員のお給料を上げ、待遇もよくしていくことに力を注ぐようになっているのは、自然なことです。

そもそも、自社株が自分の財産であるという感覚さえ、普段はほとんど意識していません。

さらに、会社にお金が足りないときは、社長が足りない分を自分の資産から会社に入れて補填することも多く見られます。

実際、自分の家を売ってでもお金をつくり、会社に入れる社長もいます。この場合、社長個人が会社へお金を貸して、会社が借入をした形なので、「貸付金」という社長の資産になるのです。

ところが、それに気づかず「わたしには資産なんてないよ」と言う社長が少なくありません。

ご自身の資産に対する意識の低さが、社長がもっとも陥りやすいことと言っていいでしょう。

2 退任を考えるタイミングの遅さが、事業承継の不備につながる

望ましい退任への準備期間は10年

社長が会社を退く年齢で多いのが、75歳くらいと言われています。

実際、わたしが会員になっている社長の会の人たちを見ていると、会社そのものをやめたり事業

承継をされたりしている人は、75歳くらいです。

そのくらいの年齢になったらやめる、ということが通例になっていると考えていいでしょう。

でも、退任する1~2年前に「どうしようか…」と考え始めるのでは、本来は遅すぎます。

わたしが考える、望ましい退任への準備期間は10年です。このくらいの時間は、必要なのではないでしょうか。

現実的に、75歳になる前に亡くなってしまう人も少なくありません。

つまり、75歳に照準を合わせて準備するのは、とても危険なことなのです。

なぜなら、いつ・何があるかは誰にもわからないからです。急に亡くなってしまうかもしれませんし、認知機能が衰えて経営どころではなくなることも十分にあり得ます。

事業承継対策は、早ければ早いほどいい、ということです。

わたしは60代の前半ですが、4年前、59歳のときに、すでに後継者を見つけました。

その当時、わたしと妻が考えていたのは、「後継者ができなければ、65歳までに妻とふたりで仕事ができる事務所の形に変えよう」ということでした。

従業員を雇っていると、お給料を含めてさまざまな対応が発生するので、先に考えることは会社経営においてとても重要なことですよね。

ですから、後継者にできる人がいるかどうかで、対策が変わってきます。

もちろん、バイアウトする方法もありますが、すぐにできるものではありません。

だからこそ、準備は早ければ早いほどよく、先々どうしていきたいのかを決めておく必要があるのです。

3　会社を継続するために必要なこと

目指したい会社経営のイメージを明確に持つ

これまで見てきたなかには、生産が上がってきたときに過剰な設備投資を行い、失敗してしまう会社が数多くありました。

その背景にあるのは、残念なことに、会計がよくわからない社長が多いという事実です。

数字に強くないために、売上が上がったときは経費をバランスよく使えていても、会社を潰さないためのお金を堅実に蓄えていくことができる社長が多くいません。

つまり、お金があれば使ってしまう社長が多いのです。

これは、真面目な人でも陥ってしまいます。なぜなら、人の採用や設備投資を先に考えてしまい、あとで苦しくなってしまうからです。

わたしとしては、とても怖い経営と感じます。

会社経営において役立つのは、会社を設立したときにどのような会社にしたいのか、という理想を持っていることです。

まずは、あなたにとっての理想の会社を考えてみませんか。

いろいろな社長とお話ししていると、売上は3億円ほどで、人を増やしすぎず利益率がとてもいい会社にしたいと思っている社長は、とても少ないと感じています。

多いのは、会社を大きくすることだけを考えている人です。このように考える人は、売上を伸ばせば会社が大きくなる、と思っている傾向があります。

「夢は何ですか?」と聞くと、「上場したいですね」と答える社長がいます。

最近は減りましたが、そのような人は一定数いるものです。

階段を着実に上がっていくのではなく、とんでもなく大きな夢を見て、自分でも本当にできるのかはわからなくも、ただ紙に夢を描き、それに取り組んでいる人が多いのです。

わたしがお付き合いした、とても尊敬している社長の話をします。

その社長はわたしの父と同じ年代で、製造業を営んでいます。

「売上は6~7億円程度でいい。適正な利益をしっかりと毎年上げ続けていける会社が一番いい会社だ」とお話しされていました。

会社がどんどん大きくなり、人も増えて、悩みが多くなっていくよりも、自分と心が通い、信頼できる人たちが20~30人いる、自分がきちんとコントロールできる会社がいい、と話してくれたのです。

この言葉が、いまでもわたしのなかに残っています。

もちろん、どんな会社にするのかは、社長の自由です。でも、ただ大きくするだけが大切なのではなく、その会社だから実現できる「理想」に向かっていくことが、経営の醍醐味なのではないでしょうか。

目指したい会社のイメージを持つのは、会社を長く続けていくためにとても大切なことなのです。

社長は、会社経営のための考え方・知識を身につける必要がある

最近、起業する人たちに法人化の目的を聞いてみると、多くの人が「税金が安くなるから」と答えます。

税金を少しでも安くしたいと思う気持ちはわかりますが、その目的は違うのではないか…と少々残念な気持ちも抱いてしまいます。

税金を安くしたいと思っているということは、それなりに売上が上がっているのでしょう。本来であれば、売上が上がったら予算や経営計画をつくるべきなのですが、このように考える人は売上をさらに上げるために、効率だけを上げようと考える傾向があります。

売上を上げようと無茶なことを要求しすぎてしまい、振り向いたら人は誰もいなかった…というケースは少なくありません。

会社がうまく回っていかないのは、社長として必要なことを教えてもらっていないからでしょう。実際、社長としての教育を受けている人は、ほとんどいないのではないでしょうか。

いい社長になるためには、お金に対する考え方も教わる必要があるかもしれません。

従業員のときは会社からお給料をもらっていても、社長になれば立場が変わります。

たとえば１００万円の売上ができたとき、その１００万円をどのように配分すればいいのかをきちんとわかる社長は、決して多くはありません。

お金の考え方ができていない人は財産形成が難しく、会社が長く続くための盤石な財務基盤をつくることが難しくなります。

社長としてやっていくためには、経営に必要な考え方や知識を身につけていかなければならないでしょう。

4　応援される会社になる

会社をわざと赤字にする社長

会社経営の方法はいろいろとあり、人によっていろいろな考え方を持っていますが、なかには、会社をあえて赤字にする人たちがいます。

実際に、規模の大きな会社の社長でも、

「赤字にすればいいから」

と言っているのを耳にしたこともあります。わざと赤字にする人が結構な割合でいるようです。

昔、わたしの父が事務所の所長のときに、とても憤りを覚えたことがあります。それは、在庫数を調整し、その年の利益をコントロールする社長がいることを知ったときです。

会社はかならず棚卸を行います。棚卸資産＝在庫です。

販売目的で一時的に保管している商品・製品・原材料・仕掛品などは、すべて在庫として考えます。

在庫の増減は、利益に影響するものです。

そのため、利益が出ている年に、在庫の増減で利益を調整する社長がいました。経理上、自社の考えで在庫数をコントロールすることができるからです。

これは、節税対策と称して行われています。

ただ、在庫を減らして利益を減らしていると、税務調査を受けたときに「社長、これだけ工事を行っているのに、いつまで在庫がこれほど残っているのですか？」と聞かれることになりかねません。

また、数字上で操作して赤字にしているとしたら、何のために経営をしているのか、さっぱりわからなくなってしまうのではないでしょうか。

赤字経営をよしとせず、健全な会社になろう

会社を赤字にしているのに、社長が自分自身の給料をきちんと出していたとしたら、何か違和感

を感じる経営に見えてしまいます。

なぜなら、本来赤字経営になったときに社長が真っ先に行わなければならないのは、役員報酬の見直しだからです。

赤字は、経営に失敗した結果にほかなりません。その責任をとって自分の報酬をカットするべきではないかと、わたしは考えます。

ところが、自分への報酬をきちんと出しながら、会社の経営状態をほどほどにして、本来であれば会社で支払うべき税金を払わないようにしている社長が、以前はかなり見受けられました。

とくに、計数に強い社長は、決算期が近づくと今期で売ったほうがいいのか、翌期で売ったほうがいいのかを考えます。

お客様は、希望の納期に間に合うよう商品供給をしてもらえればいいため、決算月に商品が入ってこようが、翌月に入ってこようが関係ありません。

工事受注を受けている会社の場合、お客様の都合で、今期で終わらせたほうがいいのか、翌期になって終わらせたほうがいいのかを判断していることもあるようです。

あえて今期は赤字にしても、翌期に仕事がたくさん入っていて黒字になることがわかっていれば、その赤字をうまく使うこともできます。

このようにして、赤字を上手に処理する社長もいるのです。

税金対策の視点で会社経営をしている人が本当に多いのは、とても残念なことと感じています。

わたしは、黒字にできるのに何期にも渡り赤字にしてしまっている社長がいたら、いますぐにやめたほうがいい、と伝えるでしょう。

どちらのほうがいいのか、ぜひ考えてみましょう。

ひとつは、赤字経営をして税金を支払わず、そこそこの売上の会社。

もうひとつは、税金を支払っても手残りが十分にあり、内部留保がどんどん増え、納税もきちんとできて、自分のお給料も上がる会社。

さらに次の2つの会社なら、どちらがいいでしょうか？

赤字経営を長期にわたって続け、税金をあまり支払わないけれど、それなりに自身の給料は確保できている。税金で支払っているのは、社長自身の源泉所得税のため、それなりにお金が残っている会社。

もう一方は、税金をきちんと支払い、会社の内部留保もどんどん溜まり、会社が実力をつけていくため、給料も上がっていく。税金をたくさん支払うけれど、会社も社長自身もお金の手残りがいい会社。

わたしはどちらのケースも、後者のほうが絶対にいいと思っています。

なぜなら、そのほうが絶対に周囲から応援されるからです。

ところが、この本筋を見間違えている社長たちがたくさんいるのです。

ぜひ、後者の経営を目指していきませんか。

5　経理は真っ当に、透明性を高く

ここで、節税対策を主目的に……

貸借対照表は社長にとっての通信簿

すでに、貸借対照表や損益計算書を、節税対策を主目的につくっている企業は多い、とお伝えしました。

そして、よくわからない出費が見つかって税務調査で指摘を受けてしまい、思わぬダメージを受けることも少なくありません。

とくに社歴が長く、従業員数が20～30名、売上規模10億円未満程度のワンマンな社長が、何に使ったのかわからない出費で税務調査の指摘を重ねているケースを、わたしはたくさん見てきました。

普通に事業を行っていればお金の出入りは発生するもので、お金を何に使ったのかがわからなくなってしまうことはほとんどありません。

1年前に3000円使ったのは手土産代だったのか、食事代だったのかがわからなくなってしまうくらいのことは、起こり得るものです。

でも、数十万円～100万円単位のお金がどこに行ったのかがわからなくなるなど、あり得ないことではないでしょうか。普通であれば、大きなお金が動いているのに、そのお金の行方がわからなくなってしまうような雑な経営をしないはずです。

ところが驚くべきことに、その雑な経営を平気で行ってしまっている社長が意外に多いのです。そんなことをするとお金の動きがわからなくなり、本当に利益を出せている事業なのかがわからなくなってしまいます。

その結果、前にお話ししたような、税金の計算のための棚卸の操作を行い、会社としてお金がいくら残っていて、いくら儲かっているのかがわからなくなってしまうのです。

自分の会社の経営状況がよかったのか、悪かったのかがわからなくなってしまわないようにするには、真っ当な経理を行えばいいだけです。

お金の入出金をつけることは、それほど難しいことではありません。

つまらない小細工が必要になることはせず、普通に物を売ったり買ったりしたことを記録しておく、つまり真っ当な経理を行うだけ。

貸借対照表や損益計算書をつくる理由は、この真っ当な経理をするためなのです。

支払う税金を少しでも下げるために財務諸表をつくると、余計な勘定科目が発生し、あとから見てわからなくなってしまいます。

貸借対照表や損益計算書は、税金計算のためではなく、「経営の通信簿」と受け止めてみてはいかがでしょうか。

今年自分がどれだけがんばったのか、これがうまくいったから稼げた、もしくはうまくいかなかったから稼げなかった、ということを知るために、貸借対照表や損益計算書をつくるのです。

うまくいったことは、来年どのように伸ばしていけばいいのかを考え、うまくいかなかったことは直していけばいいだけです。

通信簿を真摯に受け止め、しっかりと改善を行っていれば、先々につまらない間違いを繰り返すことはありません。

また、今期の利益に特殊な要素が入っていたときは、翌年には期待をしないようにすればいいのです。

このように考えることができれば、当然ながらお金の使い方は慎重になるものです。

少なくとも毎月1回は、その月にどれだけ稼ぐことができたのか、お金をどれだけ使ったのかを税理士に報告してもらうべきではあります。

ただ、その報告を見て、社長自身が赤字にしようと手を加えたりすると、もちろんそれは「粉飾」ですし、帳簿上はよさそうに見えても、会社を大きくしていくことにはつながりません。

やはり、「通信簿」を真摯に受け止めて、真っ当にやっていくことが大切なのです。

社長の頭のなかだけで計算・理解していることはとても危険

よからぬ結果を招くリスクがあるのに、数字操作を行ってしまう理由は、税金対策だけではありません。資金繰りが苦しいことも、理由のひとつになっていることが多いものです。

社員数が多い会社は、社会保険料の負担が大きくなるため、資金繰りに困ることがあります。消費税の支払いも、資金繰りに困る要素のひとつです。

そのため、なんとかお金を捻出しようと考え、支出していない物を支出したことに変えたりしてしまったりすることも…。

このように、真っ当ではない方法を取り入れてしまうと、いろいろなことに歪みが出てきてしまいます。

そして、自社が本当に儲かっているのか、損したのかがわからなくなってしまうことにもなりかねません。

社長のなかには、感覚で会社の経営状況を理解し、頭のなかではわかっている人も多く見られます。

でも、そのやり方では社員には伝わらず、何かの判断をするときに決算書を見直しても、正しく判断することができなくなってしまうのです。

自分の頭のなかだけで、「ああだったから、こうなった」という整理をしていては、そのときはよかったとしても、その後、何年も覚えてはいられないものです。

その一瞬は、うまく小細工ができたと思うかもしれません。

でもそれは、所詮その場限りの対応にすぎないものです。

大きくなる会社は、わざと赤字をずっとつくったり、小手先のごまかしを行ったりはしません。

これはとても大事なポイントなので、ぜひ覚えておきましょう。

6　「会社のお金＝自分の財布」と考えない

会社を守るためでも、会社のお金と個人のお金は分けたほうがいい

「会社が大事」と言う社長は、もちろん多いことでしょう。自分の資産を切り売りしてでも自社を守る選択をする社長が多く見られます。

でも、会社を守るために社長の個人口座がからっぽなのは、いかがなものでしょうか？

わたしが見てきたなかでとくに悪いケースは、奥様の預金にまで手をつけてしまうことです。社長自身の預金を会社に貸し付けるのは仕方がないとしても、奥様のお金まで借りて、返せなかったときには大変なことになりますよね。

また、奥様を連帯保証人にしてしまう社長も少なくありません。

さすがに銀行も、社長の奥様だからというだけで連帯保証人と認めるわけではありません。奥様が会社の役員である場合、連帯保証人にするケースが多いのです。

そして、役員を務める奥様が両親からもらったお金がある場合、そのお金をそのまま借りてしまう人もいます。

もちろん、あとで会社からお金を返すことができれば、問題ありません。でも、会社の経営がどんどん悪化すると、お金を返せなくなってしまいます。

その結果、会社は潰れ、自分の個人資産もない、家族の信用も失うという最悪のことが起こってしまうのです。

もちろん、会社の資金が一時的に不足していても、社長や奥様の個人資産を借りながら経営を立て直していけば、また元に戻っていくこともあり得ます。

ただ、経営が持ち直したときに、社長や奥様から借りたものを返し忘れてしまう人がいます。これも、さすがにアウトです。

借入金が1000〜2000万円のうちは返すメドが立ちやすいのですが、そうこうしているうちに1億円にまで膨らんでしまったら、そう簡単には返せません。

銀行からお金を借りているときは、銀行側が約定に沿って口座から自動的に引き落としていくため、確実に返済することができます。

ところが、社長個人が会社にお金を貸している場合、このしくみが働きません。

銀行融資であれば、返済ができなくなったら、抵当に入れている物件を取り上げられてしまいます。

でも、社長が会社にお金を貸し付ける場合、返済がなくても何かを取り上げることはしないでしょう。

社長が会社にお金を貸し付けるときは、かならず「金銭消費貸借契約書」をつくるようにお伝えしています。

ところが、契約書をつくっていないケースもあり、たとえ結んでいても抑止力が働かない状態になってしまっていることが多いのです。

やはり、会社のお金と個人のお金はきちんと切り分けましょう。

7　リスク管理で大切なこと

家族を巻き込まない対策を立てることはとても重要

社長によってリスク管理を始める時期は異なりますが、家族を巻き込まない対策を考えることは、とても重要ではないでしょうか。

いつ、何が起こるかは誰もわかりません。

なかには、早いうちから、20年ほどかけて準備しようと思っている人もいます。

前述した通り、生命保険への加入はかならず検討したほうがいい対策です。

わたしは実際に、40代、50代という若さで亡くなってしまった社長が、生命保険にも入っておらず、最終的に奥様とお子様が大変苦労されているケースを見ています。

自ら命を絶ってしまう人もいました。

このように、会社経営はまかり間違うと、家族を巻き込んでしまうものです。

どれだけ前さばきと前準備をしておくのかが、とても大切であると言えます。

利益を残せる経営のために、定点観測を行う

いろいろなケースを見ていると、売上を上げることよりも、どれだけ堅実にきちんと利益が残る経営やお金の管理、ビジネス運営をしていることのほうが大事であるとつくづく感じます。

ところが、考えの甘い社長も多く、驚いてしまうこともあります。

継続して売上を残すことは、とても大変なことです。

新しい手を次々と打っていかないと会社は伸びないため、手はいくらでも打ったほうがいいでしょう。

また、売上をずっと右肩上がりにしていくためには、時代の流れを理解し、課税に関する情報を知っておくことも大切なことです。税理士からきちんと情報収集しながら、いまの時代に流れに沿った経営を目指しましょう。

時代の流れによって、何がいいと見られやすいのかは変わるため、その変化をきちんと掴み、柔軟に合わせていくことが大切です。

いまは、きちんと納税したうえで手元にもお金が残る社長が、評価されやすい時代となっています。

当たり前のことですが、この世界で生活させていただいているわけですから、自分のルールだけで経営していても仕方がありません。

社会のルールがいまどのようになっているのかを把握したうえで、確実に、ゆるやかにでも右肩上

がりになっていく経営を考えながら、社長の個人資産もつくっていくことが大切なのです。

急激に売上が上がる経営を目指す必要はありません。

芸能人は、たくさん稼いでいてもお金を借りられないそうです。住居も審査が通らず、一括現金購入でないと難しいと聞きます。

一挙に売上が上がらなくても、毎年きちんと1億円を売って、お金を２０００万円ほど残せる商売をするほうが、社会的信用は高いのです。

芸能人がお金を借りられないのは、この継続性が見えないからです。日本はまだ、大手企業のサラリーマンのほうが信用は高いと言えます。

このことを忘れないようにしたほうがいいでしょう。

社長になると時間の自由はできますが、お金の面では、一流企業の部長クラスのほうがいい収入を得ているのが現実です。

ですから、決して油断することなく、毎年きちんと計測しましょう。

きちんと計測し、プラスが出ているのかどうかを見ていかないと、怖い経営になってしまいます。

社長は、よくマラソンランナーにたとえられます。

ラップタイムを測ることなく、42・１９５キロを走るマラソンランナーはいません。かならず、５キロごとのラップを計測してから臨みます。

自分の目標タイムに遅れが生じているときはがんばり、いいペースで進んでいるときは考える時間ができ、いい調子で進めることができます。

42・195キロを5キロごとのラップに分けることは、少なくとも8回ほど、計測地点を持つということです。

これが大事なのです。細かく見ないと、怖いことになりかねません。

8 「バイアウト」を考える

バイアウトには、人を物のように扱うような怖さがある

最近、若い社長が会社をバイアウトして、多額のお金を稼ぐことが増えていますが、「これはどうなのだろうか?」と考えさせられることもあります。

バイアウト自体、決して悪いことではありません。ただ、社長としての価値観が完全に分かれる部分ではないでしょうか。

わたしとしては、会社が商品のように売買されてしまう感覚を、拭い去ることはできません。

これからは会社への愛着を持つ社長とそれほど持たない社長に、はっきりと分かれていくでしょう。

やむを得ないバイアウトは、社長が高齢になり、やめどきを考えても継ぐ人がいない会社の場合です。むしろ、そのときはバイアウトを積極的に考えなければいけません。

「せっかくいい会社なのに後継者がいない。でも、この事業は続けてもらわなければ困る」というケースであれば、バイアウトがひとつの手法として選択されるのは理解できます。

ただ、わたし自身、バイアウトは慎重に考えたいと思っています。なぜなら、従業員の人たちがどうなっていくのかがわからないからです。

人が物のように扱われることが恐ろしく、その人たちが大丈夫なのか、どうしても気になってしまうのです。

いい会社にバイアウトできたなら、引き続き従業員は雇用してもらえるでしょう。

ところが、バイアウト後、いきなりいろいろなことが変わってしまうケースも見られます。そう考えると、バイアウトの怖さを完全に消すことはできません。

最初からバイアウトを念頭に置いてビジネスをしている社長は、会社経営の価値観がわたしと違うのだな、と感じます。

最近になって、バイアウトが一挙に多くなった印象を受けていますが、これが、今後どのようになっていくか、わたしには予想がつきません。うまく元の会社のよいところが引き継がれていることを祈ってやまないところです。

会社を「社会の公器」ととらえる価値観を持ち続けたい

いまの風潮は、バイアウトに対して否定的な意見はほとんど聞こえてきません。

一から事業を成長させるだけの時間を待っていられないため、すでに成長したところを買って、さらに大きくしていくしくみ自体は、いい、悪いではなく、あり得ることとわたしももちろん思っています。

でも、

「この事業は何があっても残さなければいけない」

「バイアウトしてでも残さないと、世の中のためにならない」

といった明確な想いも持っておらず、心のないバイアウトが増えていくとすれば、寂しさを感じざるを得ません。

長く会社を経営し、堅実に成長させていきたい社長もいれば、新規事業の立ち上げが好きで、うまく回り始めると次の事業へ進みたいタイプの社長もいます。

バイアウトしてお金を稼ぐ若い社長は、後者のタイプで、ビジネスセンスがある人ではないでしょうか。

そして、このような社長についていく人は、常に自分の心も揺るがぬように心を整えておく必要がありますね。

前者の社長は、長く一緒のチームで取り組んでいくことを好むタイプであり、バイアウトを好む社長とは真逆の価値観を持っていらっしゃるかもしれません。

松下幸之助さんの有名な言葉に、「企業は社会の公器」というものがあります。「企業は個人のものではなく社会のものである」という意味ですね。

ですから、会社は雇用も含めて世の中のために成り立って、しかも誰かのお困り事を、自分が提供する商品で役立つことができたのなら、それが一番いいことです。そうすれば、商品も売れていくはずです。

つまり、「心がまえ」が重要なのです。

税金を安くするために法人をつくる人が最近増えていますが、そのような人とは、考え方が少し違うのではないでしょうか。

そもそも、ビジネスが存在し続ける意味は「世の中のためになっているか」です。世の中のためになっているから、お金が動き、循環する。このことを忘れずにいたいと、わたしは考えているのですが、いかがでしょうか？

この考えが抜け落ちて、会社を個人の器としてただ利用しようと考えていては、どこかで行き詰まるような気がするのです。

9 「上場する会社」と「しない会社」

上場する、しないは価値観の問題であり、いい悪いはないけれども…

あなたは、会社を上場させたいですか？　あまり上場には興味がありませんか？

会社を経営するうえで、将来的に上場を考えている社長、まったく上場したいと思わない社長、どちらもいることでしょう。

上場したからいい、しないからよくない、ということはありません。

「社長をするなら、上場してなんぼ」と言う人は多いでしょうけれども、「上場はしない」と言う社長も、かなり多いのです。

上場すると、株主などのいわゆるステークホルダーと言われる人たちから、とても厳しい目に晒されます。

それでも出資をしてもらったり、うまくすると機関投資家が入ったりすることで、資金調達がしやすくなるなどのメリットを受けられるので、経営の観点で上場を目指すのは悪いことではありません。

ただ、上場そのものが「ステータス」のようになっていることが、少々気になっています。

「適正な売上、適正な利益」を追求するのも、大切なこと

もちろん、上場を目指すのはとても素晴らしいことですし、まったく否定しません。ただ、とくに若い社長には、「中小企業のおもしろ味」を知ってもらいたいのです。

むしろ上場せずに事業をどれだけうまく継続していくのかが、じつはおもしろいところと言えます。

同族会社であれば、経営をしていくなかで組織が腐敗する、といったリスクもありますが、上場していなくてもずっと生き続けている老舗はたくさん存在しています。

わたしがよくお客様にお伝えしていることに、

「適正な売上、適正な利益が大事」

という話があります。会社規模を大きくして利益が小さくなるよりも、ちょうどいい規模にしておいて利益を膨らませるのが、会社にとってもっともいい、という考え方もあるのではないでしょうか。

このあたりのコントロールが上手な社長が、いわゆる「老舗」と呼ばれる企業をつくっていくのです。

商品のイノベーションはもちろん必要であり、従業員も幅広い世代の人たちがいなければいけないのですが、それは上場しなくても、資金調達ができれば可能なことです。

多少語弊があるかもしれませんが、いかに人を使わず、いかに経営資源を上手に活かしきって儲けを出すのかが、中小企業の社長たちの醍醐味と言えます。

大企業のように、たくさんの人を使い、設備投資をして、研究開発するのもいいのですが、いかに大きくしすぎずに大きく稼ぐのかが、中小企業のおもしろいところなのです。

実際のところ、起業する際に「○○年で上場する！」と言う人もたくさんいます。

でも、わたしがお付き合いしている社長たちは、上場したいとは言いません。

考えてみてください。社員1000人で100億円稼ぐよりも、10人で10億円稼ぐ会社のほうが、おもしろくないですか？

ひとり当たり売上1億円…こんな企業になれたら、理想的なのではないでしょうか。

社員が1000人もいると、いろいろ大変なことも増えてしまいそうです。

ここをおもしろいと思えるかどうかが、社長としての価値観の分かれ目と言えます。

10　会社の数字はしっかりと押さえる

会計や経営計画に関心のない社長は、バイアウトのときに慌ててしまう

将来社長が退任する際の選択肢には、お子様などへ承継する、会社をたたむ、バイアウトする、といったものがあります。

とくにバイアウトについては、選択肢として、大切なものなので、自社の価値をしっかりと把握しておく必要があります。

ところが、自社の価値を把握できていない社長は、少なくありません。それは、会計をよくわかっていないからです。

実際、社長が会社の数字を見られないとすると、それは致命的なことです。

よく「俺は数字が嫌いだ」と言う社長がいますが、それは本当かな？　と思うときもあります…。

「もしかすると、わたしに煙幕を張っているのかな？」と思ってしまうことも少なくありません。なぜなら、「今月はこれだけ売り上げていて、これくらいの仕入れや支出があって、これくらいの資金繰りが必要で…」といったことを社長が把握していないのは、通常であればあり得ないことだからです。

1円単位まで把握する必要はありませんが、本当にわかっていないとすれば、改善が必要です。わたしのお客様である社長は、よく「家族でやっているうちは、お金が足りなくなったらご飯を一杯減らせばいいんだ。でも人を使うようになったら、そういうわけにはいかないんだよ」と言っていました。

やはり、従業員のお給料も含めてきちんと支払えるよう、数値を把握しておかなければいけません。

B/S、P/L、資金繰り表の数字は押さえよう

数字は、決算のタイミングでだけ把握すればいい、というものではありません。

マラソンランナーと一緒で、この1年を2時間10分で走り切るのか、2時間20分なのか、30分なのか。あるいは2時間5分で走るのか。

5キロごとのタイムを見なければ、目標タイム通りになるのかわかりませんよね。

2時間10分で走りたかったのに、いざ走り切ったら2時間20分だった、という結果になってしま

います。

最低でも、「お金の動き」は押さえておきましょう。

具体的には、いま本当にお金が足りているのか、どれくらい余っているのか、といったことです。

実際のところ、1カ月でどれくらいのお金がないと回らないのかは、おそらくわかっているでしょう。

なぜなら、そこをつかめていなければ、多額のお金を使えるわけがないからです。

ですからB／S（貸借対照表）もP／L（損益計算書）と同じくらい大事なのは「資金繰り表」であると言えます。

もうひとつ必要なのは、事業計画です。

これは、たとえば工場を建てる、新たな出店をする、といったような大きな出費を押さえるためにも必要ですが、それ以前に今期何をして、どのように稼ぎ、どれくらい税金を支払って内部留保をつくる、といったことを押さえるためです。

銀行へ返済が遅れたり、取引先への支払いができなかったりすれば、当然ながら大変なことです。そのあたりのお金のバランスを把握しておかないと、本当に会社がうまく回っているのかわかりません。

100円単位まで押さえる必要はありませんが、100万円単位では粗すぎます。1000円単位、1万円単位で押さえるようにしましょう。

第2章　よりよい経営をするために

1　赤字経営の対策

赤字経営に対する対応策

社長であれば、赤字経営は避けたいと思っていることでしょう。それが数年続いている場合は、なおさらです。

そんな状況になってしまっていた場合にまず行ってほしいことは、赤字になる理由を考えることです。

赤字の原因が売上低迷の場合は、自分が売っている商品に問題があるのかどうかを検討しましょう。もしかすると、世の中で困っている人に向けた商品ではないのかもしれません。

もし、求められていない商品になってしまっていることがわかり、売上が上がらないために赤字になっていることが明確になったら、ターゲットにしているお客様層を見直すか、取り扱っている商品を考え直さないと状況は改善しません。

もちろん、自分で商品開発をしても構いません。

どのようなときもお客様に寄り添い、お客様が「困っているから、これがほしい」というものを売り続けていれば、状況は変わるはずです。

商品が売れないときは、自分の考え方を変えなければいけないのです。

原価コストがかかりすぎていることが、赤字の原因の場合もあります。

これは、原価コストの考え方をまったく持てていない社長に起こりがちなことです。

よくあるパターンのひとつは、売上は変わっていないけれど、社長が商品開発に力を入れすぎてしまって赤字になっている場合です。

ここにあげたいずれかの理由で経営に失敗し、赤字経営になっているのではないでしょうか。

以前は売れていたからそのままでいい、と思って商品を売り続けている社長は、商品のコンセプトから考え直さなければなりません。

コスト管理ができない社長、お金をどこでどのように使っているのかがわからない社長も、コスト管理が得意な人をそばに置いたほうがいいでしょう。

ある程度の売上があがる会社になったら、経理処理をするだけの経理担当者では不十分です。予算をきちんとつくれる人に入ってもらわないと、会社経営は危険な状況に陥ってしまうかもしれません。

社長自身が運転資金ばかりに気をとられなければいけない状態は、かなり厳しい状況です。

総務担当者でも構いません。

お金のことは、社長以外の人がきちんと管理し、社長が「思い切ってお仕事をしてください」と言ってもらえる環境をつくることを、ぜひ目指しましょう。

長い間社長をしていると、コスト管理を面倒に思ってしまうものです。

わたしの場合、研修費をたくさん使っていると、妻から「今月は使いすぎですよ」と言われるため、そこで止めることができています。

このように、コスト管理をしてくれる人が、社長には必要です。

わたしは試算表を毎月確認していますが、それに関連する資金繰りのすべてをつぶさに見ているわけではありません。

コストが見られない社長であれば、なおさら見られる人を探さなければいけないのです。

厳しいことを言いますが、お金の管理ができない人は社長をやってはいけないと、わたしは思っています。

2　お金の管理が苦手な社長がとるべき対応策

お金の管理が得意な奥様などに管理を任せよう

社長になることは、難しいことではありません。登記さえすれば、誰でも社長になれてしまうからです。

技術的な何かを持っていたり、販売力があったり、いろいろな得意分野があって社長になっているはずですが、お金の管理ができない人が社長業を続けることは、厳しいのかもしれません。

もし、お金の管理がいまひとつうまくいっていない自覚を持っているなら、外から人を引っ張ってくる、もしくは、プロに見てもらうことは必要不可欠です。

奥様がお金の管理が得意、という場合は、奥様にお金の管理をお願いするといいでしょう。

なかには、奥様にお金の管理を任せていながら、いろいろと言われると怒ってしまう社長がいます。

その自覚がある社長は、ぜひこれからは奥様の言うことに耳を傾けましょう。

一方で、お金の管理が苦手な奥様の場合は、厳しいものがあります。

お金のことは何もわからない、とにかく自分のほしいものが買えればいい、自分の家が潤っていればいいと考えている奥様なら、お金の管理ができる人を外部から引っ張ってこないと難しいでしょう。

ここは、とても大事なポイントです。

最初は社長ひとりで立ち上げたとしても、ある程度、人が雇えるようになるまでは、奥様の支えが必要ではないでしょうか。

もしも奥様が、残念ながら経理をあまり得意ではない場合は、経理が得意な知人を探せばいいのです。

もちろん、税理士に関わってもらうのも、いい方法でしょう。

でも税理士は、売上を増やすことについては得意ではないのがネックです…。

とにかく、お金の管理だけはしておかないといけません。

3　税務調査で無用な指摘を受けない状態にする

自社の経営状況をきちんと理解することが大切

会社は財務決算をするうえで、貸借対照表や損益計算書をつくらなくてはいけません。大多数の社長は、税務申告のためにこれらの財務諸表をつくっていると考えているかもしれませんが、本来の目的は違います。

貸借対照表も損益計算書も、自分たちがこの1年間、どれだけがんばったのかがわかる指標となるものです。何がよくて何がダメだったのかを、このなかから知ることができるのです。

会社経営は、単年度で終わるわけではありません。今年ダメだったとしても、その理由がわかれば、今後直していくことができるはず。

よい結果が得られた年は、よかった理由があります。

大きな仕事が入ったときは、たしかに数字はよくなります。でも、大きな仕事がたまたま入っただけであれば、来年も大きな仕事が自然に入る保証はないため、経営予測の立て方を変える必要が出てきます。

このように結果に対する理由を、社長自身がすべてを理解できていることが、大切なのです。

もし、経営がよくなった理由を自分で理解できていなかった場合は、そのまま放置せず、どの売上が上がったのかを把握しなければはいけません。なぜなら、よかったところ、悪かったところを理解しておかなければ、次の改善につなげるべきポイントがわからないからです。

ここであえてこれを書いているのは、多くの社長自身があまり自社の経営状況をわかっていないからです。かならず、理解するようにしていきましょう。

税務調査の指摘で社長の貸付金を発生させる事態は避けたほうがいい

ある社長が税務調査を受けたときに、何に使ったのかわからない出金が見つかり、それに対する理由がつけられませんでした（本当にわからないのではなく、社長が何かに使ってしまっており、その理由が話せなかっただけなのですが…）。

何に使ったのかわからないときは、「社長への貸付金（役員貸付金）」として処理されることもあります。出金があった以上、それに対する名目は必要なので、経理処理上、このようにしかできないのです。

こうして、社長自身もよくわからない貸付金ができてしまいました。

このような、税務調査にともなってできた借入を、社長が会社に返済しないまま10年近く経ってしまうと、ほとんどの場合、「これは何のための貸付金だったのだろう？　自分は何をしたのだろうか？」というように、思い出すことができなくなってしまいます。

このケースでは、貸付金は数千万円にものぼっていました。

その後、この社長が会社を辞めるわずか1〜2年前にM&Aの話が…。基本的にM&Aが行われるときには、M&Aをする会社から貸借対照表を見られます。資産から負債を引いた残りが純資産として見られ、ざっくりとした買収価格が決まるからです。

そして、この会社を買うことを検討していた社長が、「社長への貸付金が数千万円ありますね。これは返してもらわなければ負債のようなものなので、資産から差し引きます」と言いました。

ところが、売る側の社長自身はなぜその貸付金があったのかをまったく覚えていなかったのです。税務調査で指摘を受け、自分への貸付金が発生していたことを、忘れてしまっていました。それも1回だけではなく、複数回ありました。

それらが重なった結果、自分への貸付金が膨らんだのですが、はっきり言えば、自身が真っ当にやってこなかった結果、自社の価値を下げてしまったのです。

税務調査で無用な指摘を受けることは、後々大きな形で跳ね返ってくることを知っておきましょう。

4 財務は対外的な目線や評価に注意を払おう

会社のお金は、第三者にいつでも説明できる状況にしておく

会計を学んだ人ならご存じとは思いますが、税務上、法人と個人とでは扱いが異なる部分がたくさんあります。

たとえば減価償却資産について、個人事業者は確実に減価償却をしなければいけないのですが、法人の減価償却は任意となっています。

つまり、減価償却を行ってもいいし行わなくてもいい、自分で決めなさい、という決まりになっているのです。

大切なのは、融資を申し込んだ際の銀行の対応です。

減価償却はキャッシュが動かない費用ですが、費用計上した場合でも実際に儲けがいくらあったのかを、計算しているはずです。

そして、その後の資金繰りを考えたうえで、お金を貸すかどうかを判断しています。

銀行がお金を貸してくれる会社は、対外的に見ても認められるよう、資産背景を含めて財務がきちんとしているものです。

一方で、銀行からお金を貸してもらえない会社は、もともと返済能力がないか、もしくは過大に借りすぎているのかのどちらかに当てはまるでしょう。

そして、社長が自社の財務をきちんと説明できない場合も、銀行はお金を貸してくれません。

資金を銀行から借りられる会社経営を目指す

すでに、会社と個人のお金を切り分けるべき、とお伝えしましたが、そもそも個人にしても会社にしても、どんぶり勘定でなんとなく行っていることが問題なのです。

ある程度の会社であれば、社内に経理担当者がいるものです。

きちんとした経理担当者、いわゆる番頭さん的な存在がいれば、たとえ社長からの依頼だったとしても、交際費の使用理由が正当でなければ、交際費として認めないでしょう。社長が私用でお金を使うことがまかり通るようでは、経営がグチャグチャになってしまいます。

個人事業主も、仕事のためのお財布と自分自身の個人用のお財布を一緒にするのは、いいことではありません。仕事のためのお財布を分けるべきことは、個人でも会社でも、誰にでも当てはまります。

銀行を分ける形でも構わないので、個人用と仕事用をきちんと分けるようにしましょう。

銀行などの金融機関で資金調達できれば用は足りるのですが、それが厳しくなってしまったときに、社長の個人口座からお金を借りる形になってしまいます。

もっとも、社長から借りなければいけないことがあっても、返済をきちんと行うならば、全面的に否定する理由はありません。

社長から借りたのなら、責任を持って、計画的に返していきましょう。

ただ、社長からお金を借りる状態に陥らないようにするには、銀行から借りられる財務状況を目指すことが大切です。

きちんとした企業なら、銀行もそれなりの融資枠を設けています。銀行も営利企業なので、きちんとした事業計画や返済計画があれば、自分たちの利益のために、お金を貸してくれるはずです。

5　会社経費に関するさまざまな事例

経費の考え方は社長もいろいろ

会社経営において、事業を第一に、余ったお金を社長がどうするのか考えることが、真っ当な考え方ではないでしょうか。

もちろん、社長によっていろいろな考え方があっていいものです。

ところが、最初から考え方が崩れていると感じる社長が結構多く見られます。長期的な経営を考えたうえで判断することができない社長も、なかにはいるのかもしれません。

これは、社長のあり方と関係しています。

経費に関するさまざまな事例を紹介します。身に覚えがある事例があったら、要注意です。

・事例1

立ち上げたばかりの会社にもかかわらず、役員報酬を1000万円近くに設定。収入の目処がきちんと立っていないなかで、高額な役員報酬を決めて運営しようとしていた。

…案の定、この会社は3年ももちませんでした。

・事例2

支払義務、返済義務があるにもかかわらず、800万円もする車を社用車として購入し、なおかつ月300万円も飲み代に使っていた。

経営陣のトップ2人は、ともに自己破産を経験しており、再起のために会社経営をしているのにもかかわらず、このような行動をする始末。

…残念ですが、このような会社は珍しくありません。自己破産してしまったのも、仕方がないことではないでしょうか。

・事例3

会社創業時は奥様と軽自動車に乗り、会社を優先して2人で営業していた。

ところが、売上が上がった途端に国産高級車を購入し、その車で営業先に行くようになってしまった。

…高級車を買うこと自体、悪いわけではありませんが、それで営業に行くことで相手の反感を買うこともあり得ます。社長だから見栄えをよくしなければいけない、ということはありません。

・事例4

ある魚屋がお刺身などを、お店のロゴを入れた高級外車で配送していた。税務署は「常識では考えられない。高級外車で配送する必要はない」と認めず、裁判になったが、税務署が敗訴。

…「なぜベンツで配送してはいけないのか」が裁判の争点でしたが、この社長は「ベンツで運ぶ魚屋さん」を売りにしようとしていて、事業発展の目的で行ったと裁判所は判断、税務署が負けたのかもしれません。

ただ、本当の目的が社長の趣味嗜好で高級車を購入していたのなら、お金の使い方としてはどうなのでしょうか。

・事例5

「俺、20台も車を持っているよ！」と車の台数を競っている人がいた。

…自分の趣味嗜好のための車の購入は、会社のお金ではなく、自身の給料で購入するべきです。

会社のお金で購入していると、社員の反感を買うリスクがあるからです。

6　資産として持っておいたほうがいいもの、持っていることで不都合になるもの

持っておいたほうがいいもの

ここでお話しすることは、ひとつの考え方として聞いてください。

先ほど、車を複数台持っている社長のお話をしましたが、車を保有している理由として、いざというときにお金に換えられるから、と言う社長がいます。

その社長たちによれば、万が一会社の資金繰りが苦しくなったとき、売ってお金に換えられるよ

うに、あえていい車を持っているのだそうです。

でも、売ったときの値段が買ったときよりも高くなった場合、課税対象になるため注意が必要です。なぜなら、売却益が出るからです。

やはり、一番持っておいたほうがいいものは、お金でしょう。

ちなみに銀行は、会社の状態をバランスシート（貸借対照表）で見ます。自己資本比率の高い会社をいい会社として見る傾向があり、とくに現預金や不動産が見られます。

土地の値段が重要であり、すぐに売れるところであれば価値のある資産になります。換金性のあるものを資産として持っておくとよいでしょう。

・現預金

現金預金を多く持っていると、社長はとても安心できます。会社にきちんと現金が入ってくる経営状態が、もっとも安心です。

・不動産／賃貸不動産

不動産の魅力は、担保になり、いざとなれば売れることです。

そのためには、立地がよく、さまざまな利用方法があることが必要です。

東京や、関東でも人が多い場所にある物件、入居者で満室になっていて、経営が順調な投資用不動産を持っていれば、すぐにでも高値で売却ができます。

資産価値の高い、もしくはキャッシュフローを生み出す不動産を購入する社長は経営上手といえます。

・金

「有事の金」と言われるほど価格が安定していますが、最近は相場が上がってきているので、買うタイミングには注意が必要です。

・投資信託

いざというときのために購入している会社はたくさんあります。

・骨董品や絵画

売れる物であることが重要なので、それなりの目利きである必要があります。

持っていると不都合なもの

・銀行からの借入金

この不都合さをカバーする方法は、生命保険で自分が亡くなったときに備えて借入金がなくなる対応をとっておくことです。

これは、社長としてかならず対応しておかなければならない、家族（奥様・お子様）に迷惑をかけないための必要不可欠な対策です。

・バブル時期に購入した土地

値段がとても下がり、当時のような価値がなくなってしまっている土地がとても多く、売りたくても売れない状況です。処分することもできない土地もあります。

・多額の解体費用のため壊せない工場

解体にとても費用がかかってしまうため、ほとんど稼働できていないのに解体できず、固定資産税が取られているケースがあります。

・節税対策で加入した生命保険

生命保険の内容に、最近、税務署が目をつけ始めています。

理由は、節税商品として使われることが多いからです。

会社のお金を使い、社長個人にお金が入るシステムはよくないことと税務署は考えているのです。

節税対策の生命保険に関する補足

社長向け生命保険の商品のひとつに、低解約返戻金型保険があります。

これは、解約返戻金が毎年溜まっていく商品ですが、ある時期まではその返戻金がとても低く設定されています。

社長の生命保険としてこの低解約返戻金型保険に会社名義で加入し、たとえば5年間、全額損金で落としました。このタイミングで、解約返戻金が少なく、社長が個人名義で会社から買い取り、個人で加入を継続をします。そして、1年後、解約返戻金が一気に上がったタイミングで解約し、解約返戻金を社長個人の一時所得として得るのです。

このように、会社のお金を使って社長の個人資産がつくられてしまうことに、税務署も目をつけていました。

そして２０１９年７月、ルールが変わりました。現在は税務調査が入ると、２０１９年７月以前に加入している場合は指摘対象になりません。税法的に間違っている商品ではないからです。ところが、２０１９年７月以降の場合は、注意する必要があります。

ところが、聞いた話では、２０１９年７月以前に加入していたにもかかわらず、税務署の人から「税法的に間違っておらず、否認できないことはわかっていますが、審理担当にはかけさせてもらいます」と言われてしまうこともあるそうです。追徴はされなかったとしても、そんなことを言われるとプレッシャーになりますよね。税務署の姿勢が垣間見えるケースと言えます。

たとえば、「解約返戻金が個人のお金になったとき、社長は何に使う予定だったのですか？」と聞かれたときには、本当にお金が必要だった旨の説明をする必要があるかもしれません。

生命保険の節税商品は、スキームに間違いはありません。医者や社長でこれらをたくさん使っている人も多くいたようです。

法律的に間違っていなければ、税務署は否認できません。

でも、税務署は、以前よりも神経質になっています。

税理士は、法律として間違っていないことに対し、してはいけないと言う立場ではありません。

ただ、最近の税務署の動きを見るかぎり、スキームとしては合法であっても、露骨な租税回避は避けるべきです。あまり激しく行うと、税務署の心象はあまりよくならないでしょう。

残念ながら、どうすれば大丈夫なのか、正解をお伝えすることはできません。

総じて言えることは、会社の運営で必要なことであれば許容範囲として認められますが、個人への資産移転に関わることは、気をつけたほうがいいということです。

7　銀行融資を活用する

融資の実績をつくる

会社を大きくしていくには、銀行の融資が必要になるときがあります。

銀行は、その会社の経営状況を見て融資額を決めるのですが、きちんと返済できるかどうかも、大切な要素として見ているのです。

ある会社は、まだ必要のない段階から、銀行の融資を受けています。今後会社を大きくし、事業を展開していくときのことを考え、早めに借り慣れをしておこうと考えたそうです。

目的は銀行の評価を上げることであり、融資を受けたお金には手をつけることなく、毎月、きちんと返済しています。

銀行からいい評価を得られていると、必要なときにいつでも融資を受けやすくなるので、可能性を増やしておきたかったとのことでした。

この会社が追加の借入を希望したところに、無事に融資をしてもらえることになりました。

融資額も桁が変わっているため、会社としての信用（対外評価）が上がっていることがわかります。

返済計画が立てられていれば、借入は怖くない

借入をするときに、「これ以上借りてしまうと経営が危なくなる」という基準ラインはどこなのでしょうか。

「会社の年商の●ヵ月分であれば危険水域ではない」と言われることがありますが、わたしは、このような計算方法ではなく、「返済計画」がきちんと立てられているかどうかがもっとも重要なことと考えています。

借入が失敗するのは、返済計画を社長自身で立てられていないときです。

突発的にお金が必要となることもあるかもしれませんが、一般的にお金を借りて投資をする場合、その投資でいくら稼げるか、利益をいくら出せるのかを考え、それによって返済額・返済年数を考えましょう。

銀行側がその計画を聞き、

「この年数で返済してください」

「この金額であればお貸ししますよ」

と言われたのなら、借入が可能となります。

わたしは基本的に、お金を借りて事業投資をしても、どれだけ回収できるのかがわからない限り、借入は慎重に行うべきと思っています。

銀行は、お金を生み出すものに融資をしてくれる

地主さんがご自身の保有する土地にアパートを建てる場合、銀行は融資をしてくれます。なぜならば、建物の運用で収入が入ってくるため、返済ができるからです。

ところが最近は、土地を購入し、建物も一緒に買う場合は、「土地購入費用は自分で出してください。建物分だけ融資します」と言われることが多くなりました。土地は収益を生まない、という考えに基づく判断のようです。

返済可能な目安が明確でない限り、銀行はその投資を疑問視し、融資をしてくれない一例と言えます。

甘い返済計画しか立てられないと融資は下りない

返済計画がとても甘い社長もいて、その場合はなかなか融資を受けられません。夢物語のような返済計画ではなく、現実的にきちんと回収できる返済計画を立てているかどうかが重要なのです。

受注できる仕事の見込みがかなり高い、実際に受注が決まっている、といった具体的なもので返

済計画を考えないといけません。

なかには、少額を借りながら徐々に実績をつくっている社長がいて、このような人は、「返済する意思がある」と銀行は見てくれます。

習慣的に毎月返済していること、返済を滞らせたことがないことは、銀行に対するひとつの信用創造なのです。

また、お金を借りるときは、会社の決算書何期分かを見せる必要があります。

そして、「毎月いくらであれば返済できますか?」と確認されるでしょう。

また、あなたがはじめて融資を受ける場合は、「この投資をすると、売上はどれほど上がり、お金はどれほど残りますか?」と、さらに詳しく聞かれます。

そのやり取りを通じて聞いたことが、その投資額につじつまが合わないと少しでも思われたときは、その瞬間に、「すみません。お役立ちできません」と断られてしまうのです。

もし返済が遅れても、担保としてとれる土地や建物があれば、銀行はお金を貸してくれます。また、融資額に見合う預金があれば、貸してくれるでしょう。

でも、社長が説明する事業と返済資金が合わないと判断されると、融資は受けられません。

銀行は、その人のバックグランドも見ているはずです。社長が個人の資産をたくさん持っているかどうかも見られていると考えるべきです。

これらすべてのつじつまが合わなかった場合は、お金を貸してくれないのです。

8　事業承継を考えて、会社をどうしておくべきか？

株価を下げればいい、というわけではない

事業承継を考えるときには、どうしても「株価対策」に目が行ってしまいがちです。でも、もう少し広く考えてみる必要があるのではないでしょうか。

もちろん、事業承継を考えるうえでは「株価」はとても大切です。ただ、一般的に言われている「株価対策＝評価額を下げる」ことだけを考えるのは、決して得策ではありません。

どういうことかと言うと、お子様などに継がせる場合とバイアウトする場合の、両面で考えておく必要があるということです。

お子様が後継者として会社を引き継ぐ場合、もしくは会社の株式を相続させる場合を考えるのであれば、あまりにも株価が高くなりすぎるのは問題です。

でも、もし会社をほかの企業へバイアウトするのであれば、「ある程度」の価値をつけておく必要があるでしょう。

極端な話、資本金１０００万円で設立した会社の株価が10億円まで上がっていれば、M&Aにはよい企業といえます。ただ、買い手が絞られてしまいます。10億円をポンっと出せる相手は、限られるからです。

一方で、もともと資本金1000万円の会社が2000万円になっている場合には、この会社に魅力があれば、買いたい相手はたくさんいると考えられます。

ところが、自己資本がマイナスになって、1000万円が100万円の価値になっていたら、いくら安くても魅力を感じられないはずです。

お子様が承継するのであれば、株価を下げておくのが適切な対応なのですが、売却をするならば、より高く売れるに越したことはありません。

ここは、とても難しい問題ではないでしょうか？

バイアウトも考えて、従業員のレベルアップも考えておく

たしかに、お子様などに継がせる場合はできるだけ株価を下げておいたほうがいいので、ある程度株価をコントロールする、という考えはわかります。

でも、最初からお子様が誰も継がないと決まっていたら、売る方向で会社の財務を改善しておかなければいけません。

さらに言えば、財務だけでなく従業員もみんな鍛え上げておかないと、「この会社がほしい」とは言われないでしょう。

ですから、誰かに継がせる場合と会社を売却する場合、方向性は真逆になります。

お子様などに継がせるとして、従業員がみんながんばったら、株価は上がっていきますね。

その場合は、何らかの対策をしながら承継に向かうので、株価のコントロールが必要です。

一方で、売却するならば、株価が高いままで、多くの企業がほしいと思う会社にしておいたほうがいいでしょう。

財務状況をよくしたり、従業員の地力を上げたりする取り組みも、欠かせません。

株価に見合った、もしくはそれ以上の価値を感じさせるようにしておくことも、大切なのです。

後継者が決まっていても、事業承継が終わるまでは、確定ではありません。

後継者のためにも、「売れる会社」にしておく視点を、持っておくべきではないでしょうか。

会社の価値を上げるため、デューデリジェンスも意識した経営をしよう

前にお話しした通り、事業承継においては、株価対策も必要なことですが、外から見て魅力的な会社にしておくことも欠かせません。

そういう意味でも、あまり「節税」にこだわらないことをおすすめします。つまり、「手残り」を多くしたほうがいいのです。

節税をしすぎて手元に現預金がありません、という状態よりも、手残りを多くしたほうが、より魅力的に見られるはずです。

会社の魅力は、従業員の扱いにもあらわれます。たとえば、従業員に対してきちんと残業代を払っていなかったら、買い手企業が見たときに、「この会社、未払残業代がどれだけあるんだ?」とい

う話になり、価値は大きく下がるでしょう。

会社の売買においては、会計士さんなどが「デューデリジェンス」として内部調査しに来るので、ブラックな部分があってはいけません。

「この会社だったら、これくらいお金を出しても買いたい」と思わせるくらい、魅力的な会社にしておきましょう。

それは、お子様が後継者となる予定であったとしても、です。

万が一お子様が継がなかったときには売れる、という段取りにしておいたほうが、会社にとってはいいことなのです。

9　会社の「数字」に目を向けよう

B／S（貸借対照表）を見ていない社長は多い

会社経営の主要な目的は、利益を出していくことです。ですから、数字をしっかりと把握することは、社長にとって不可欠なことと言えます。

まず、P／L（損益計算書）はほとんどの社長がご覧になっているはずですが、会社のB／S（貸借対照表）を強く意識し、理解している社長が、どれだけいるでしょうか？

つまり、手元の現預金がどれだけあるか、いま保有する設備が本当にきちんと使われているのか、といったことです。

P／Lは見ていても、B／Sまでしっかりと見ている社長は、決して多くはないでしょう。

わたしがお客様のB／Sを拝見していて感じるのは、売掛金の回収ですらきちんとできていない会社が意外にたくさんあるということです。

たとえば建築会社は、工事台帳をしっかりとつけておらず、工事の進捗をしっかりと管理できていない会社は少なくありません。

中小企業は財務管理が苦手なところもあり、数字上は儲かっているのに黒字倒産となってしまうこともあります。

売掛金の回収は資金繰りに直結するのですが、ここが意外にできていない会社が多いのです。

取引先に支払いの要望を合わせてしまうと、会社の資金繰りを悪化させてしまうことになります。

中小企業にありがちな財務の誤りに気をつけよう

もちろん、すべての会社がそうとは言いきれませんが、このようなことが、中小企業にありがちな財務の誤りと言えます。

これは、本当にここでお金を借りる必要があるのか…といった、お金にまつわる流れに関わることです。

会社がきちんと回っている状態なのかを、本当に社長は理解しているか、ということにつながるのです。

資金調達にも、同じことが言えます。銀行との関係をよくしたいと思い、借りなくてもいい余分な借入をしていることも散見されます。

一方で、本当に借りなければいけないときに、確実に借りられないことも、よく起こっています。たしかに、「天気のいい日に傘を差し出すのが銀行だ」と言われることもありますが、本来は社長が会社の数字をすべて把握したうえで、「この事業はこうだから、これだけお金が必要。1～2年後にはこのようにしてお金が稼げる」という事業計画をきちんと説明できれば、貸してもらえる確率は高まります。

そもそも事業計画がない、もしくはきちんとできていないから、必要なときに必要なだけ借りることができないのです。

少なくとも単年度の事業計画は必要で、本来は時代の流れで多少変動はあったとしても、3年ほどの中期経営計画は立てたほうがいいでしょう。

もちろん、銀行との関係で、本当は借りなくてもいいお金を借りることも、必要な場合がありますす。最近は銀行が私募債を組成して引き受けるケースもよく見かけますが、銀行との関係性を保つために、取引実績を重ねるのは大切なことです。

銀行との関係を良好に保つのは不可欠なのですが、一番の問題は、社長が自社の財務に自信を持っていないことです。

「銀行に言われたので…」と言う社長も、少なくありません。

財務的な観点での判断ができるよう、B／Sも含めた会社の数字をしっかりと理解し、把握しましょう。

これは、絶対に必要なことです。

10　生命保険の考え方

退職の時期が決まっていないなかでの節税保険（退職金プラン）はいかがなものか

いまは下火になりましたが、かつて節税の代表格と言われてきたものに、生命保険を活用した社長退職金プランがありました。

この退職金プランは、「節税」というキーワードにメリットを感じた社長も多いのでしょうけれども、わたし個人としては思うところがあります。

このプランは、保険料の一定額が損金計上（残りは資産）となり、65歳、70歳といった年齢で解約返戻金が最大化するものです。

つまり、ある年齢で退職することを想定しているのですが、社長ご自身の退職時期は、金融商品ありきではなく、本人が決めるものではないでしょうか。

いまわたしは60代の前半ですが、この年齢になっても、「この年齢で絶対やめる」とは言いきれません。

でも、保険に合わせて退職の時期を言われても、「何を言っているの？」という感覚になります。本来は、保険に合わせて退職することなどあり得ませんね。

目的の明確でない保険はできるだけやめよう

もちろん、保険は「保障」という意味で、かならず必要なものですが、言いたいのは目的の明確でない保険はやめておきましょう、ということです。

社長ご自身に万が一のことがあったときに、会社の借入が残ってしまっては社員やご家族が困るので、借入金を返済するための保険をかけるのは、真っ当な話です。

退職金プランのようなものは、ご自身が退職の時期を強く決めている前提であれば、選んでもいいでしょう。

でも、生命保険からの提案に乗っかったものの、本当に退職するかどうかが曖昧だったら、どうでしょうか？

いま、節税商品自体がどんどん少なくなっています。これに不満を覚えている社長も、多いことでしょう。

ただ、生命保険は本来保障だけで十分であり、積立金があるのに損金として落とせる部分があるのは、本来はおかしなことです。

ですから、保険をかけるなら「このあたりで退職するのではないか…」といった曖昧な時期にいくら貯まる、それまでどれだけ節税できる、ということではなく、たとえば借入金を返済するため、残った家族が暮らしていけるためといった、「保障」をベースに考えるべきです。

社長に限らず、誰でも万が一のことがないとは言いきれないので、しっかりした目的を持って保障を買うことが大切であると言えます。

ただ、損金になっても掛け捨ては嫌だ、と思う社長が多いのは、気持ちとしてはわかります。できれば税金を少なくできたほうがいいですし、しっかりと内部留保をつくりたいと思うのは、当然のことだからです。

積み立てと損金の両方を享受できる保険プランは、その心理をとらえた巧みなスキームと言えますね。

ところが、いざ加入した保険は、積み立てと損金というメリットを得られても、肝心の保障額が足りないケースも多く、わたし自身不安を感じることも少なくありません。

11　社長におすすめの制度

加入条件はあるが、「小規模企業共済」は退職金づくりに役立つ

ここではおすすめの制度として、会社の経営に役立つ制度として、(独)中小企業基盤整備機構(中

小機構）が運営する「小規模企業共済」「経営セーフティ共済（中小企業倒産防止共済制度）」についてお伝えします。

どちらも非常にいい制度なのですが、意外に知らない社長が多いようです。

小規模企業共済は、規模が小さい企業の社長や役員、個人事業主などのための、積み立てによる退職金制度です。

月々の掛金は最大月７万円であり、全額を課税対象所得から控除できるので、個人としての節税効果があります（社長ご自身が負担することになるので、会社の経費として計上することはできないことに注意）。

月７万円、年間で84万円を20年ほど積み立てると、２０００万円近くになります。所得から控除できて、なおかつ退職金の積み立てができるのは、大きなメリットではないでしょうか。

掛金の範囲内で、低金利で事業資金の貸付が利用できることも、メリットと言えます。

社長の場合、加入条件があるので、検討の際はご注意ください。

取引先の破綻による連鎖倒産を防ぐ「経営セーフティ共済」

経営セーフティ共済は、「倒産防」とも言われるもので、取引先が倒産したときに中小企業が連鎖倒産や経営難に陥ることを防ぐための制度です。

無担保・無保証人で掛金の最高10倍（上限８０００万円）まで借入をすることができて、掛金は損金または必要経費に算入できます。

毎月の積立額上限は20万円で、掛金の総額が８００万円になるまで積み立てることができ、40ヵ月以上納めれば掛金全額が戻ってくる点も、メリットです。

ただし、解約時の入金は雑収入になるので、税金には注意しましょう。

なお、取引先事業者が倒産していなくても、事業資金を必要とする場合には「一時貸付金」として、解約手当金の95％を上限に借入ができます。

積み立てでありながら所得控除や損金算入の対象となるのは、とても珍しい制度と言っていいでしょう。

資金に多少でも余裕があれば、この2つの制度に加入しよう

このように、小規模企業共済も倒産防も、とてもいい制度なのですが、あまり知られていません。

実際のところ、わたしは「何か会社の役に立つもので、損金になるものはありませんか？」というお問い合わせを受けることがあり、その際はもちろん紹介しています。

たしかに、生命保険のような手数料は入ってこないのですが、お客様のメリットになるものはどんどん紹介していきたいと思っています。

もちろん、会社や暮らし向きの状況によって「いま、月7万円、20万円は厳しい…」という場合もあるでしょう。

その場合は、資金繰りが改善してからでもいいですし、小さく始めることもできます。

コロナの頃は、国が中小企業を潰さないために、一時的に補助金や融資を充実させましたが、これらの制度はコロナ以前から、長年使われてきたものです。

ほぼ国の機関とも言える独立行政法人が提供しているものなので、条件が合うなら利用しない手はありません。

12 「会社規模」を考える

生産が上がったときに過剰な投資をするのは、心情としてはやむを得ないが…

生産量が上がり、「もっと製造ラインを多くつくらなければ」と考えて、過剰に設備投資をしてしまうパターンは少なくありません。

会社が成功し始めると、「もっと大きくしたい」と思うものです。

これは、どの社長にも当てはまる心理ではないでしょうか。

とくに上場したいと思っている社長は、会社をつくるときからそういった考えでいるはずです。

「適切な規模」を見極めることが大切

わたしの経験上、ある程度の年数にわたって経営をしてきた社長からは、「結局、一番儲かる規模はこれくらいだよね」という言葉が出てくることがあります。

多少言い方に語弊があるかもしれませんが、成功する社長は、どこかで「会社をどこまでも大きくする」という夢を「捨てて」いるように感じます。

たとえば、設立した会社が売上1億円、利益1000万円に成長したとします。

これが、人を増やして売上が5億円になったときにどうなるかと言うと、実際に儲かったのは2000万円ということもあり、利益ベースで考えると単純計算で5倍にならないのは、よくある話なのです。

どちらの会社のほうがいいかと考えると、たしかに利益が1000万円増えたほうがいいように思えますが、売上規模が5億円になると、どうしても気苦労が多くなります。

ほかの会社を吸収して大きくしていくとなれば、もしくはよほど自社の商品に競争力があったり、他社にはないノウハウがあったりすれば、話は別です。

そうでなければ、自社のキャパシティを広げて10億円から上をつくるのは、かなりの難問が立ちはだかるのではないでしょうか。

人を増やす、もしくは機械を増強したとしても、いまはつくったら売れるという時代でもありません。

これで失敗してしまう会社が、意外と多いのです。

結局のところ、どの売上規模がいいのかについては、社長の皆さんの本当に大変な課題ではないでしょうか。

ご自身が経営する会社はどの程度の規模がもっとも適切なのかを見極めることが、大切と言えます。

適切な規模は、経験のなかから学んでいこう

たとえば、美味しさが支持されて地域で親しまれ、儲かっていたケーキ屋さんが、いざ全国規模にしたとたんにおかしくなるようなケースは、決して少なくありません。従業員に目が行き届かないことで、味や接客がレベルダウンしてしまうからです。

そうならないために、地元のケーキ屋さんを繁盛させつつ自分の時間を確保して、さらにおいしいものをつくるためにはどうすればいいかを、社長は本気で考えるべきです。

大変なことですが、ただ大きくするよりも、そのほうがはるかにいいのではないでしょうか。

自社の適切な規模を見極めるのが難しいのは、それをはかるメジャーのようなものがないからです。ですから、社長の方々は必死で考えているのです。

売上が1億円から10億円になり、利益が1000万円から5000万円になれば、たしかに「利益が5倍になって、よかったね」という話かもしれませんが、利益率は下がっています。

ただ、社長の気苦労を考えれば、「売上1億円のほうがよかったのかも」といった話になるかもしれません。

ここが、経営の難しいところですよね。

ＰＤＣＡを回す、もしくはトライ＆エラーを繰り返すといったなかで、経験から学んでいかなければいけない部分も多いのです。

会社の規模は、事業承継も関わってくることを知っておこう

会社規模は、じつは相続や事業承継にも大いに関わってくる部分があります。

たとえば初代の社長が素晴らしく、売上を50億円まで伸ばすことができたとします。

では、初代を継いだお子様が、しっかりと回していけるのでしょうか？

これは、意外に見落としがちなことなのではないでしょうか。

もし難しければ、バイアウトするのも選択肢のひとつですし、従業員のなかで優秀な人に託すのもひとつの方法です。

会社規模を追求したいのなら、そのあたりまで考えておくべきです。

バイアウトを選択する場合、売上1億円の会社規模なら買い手がつきやすい一方、30億円の売上規模なら買える企業は限られてしまいます。

もちろん、買える企業を探すことはできますが、バイアウトするためのハードルが上がってしまうことは否めません。

ですから、売上規模を考える際には、承継やバイアウトまで考慮に入れることをおすすめします。

第3章　経営と生活のバランスを考える

1　給与（役員報酬）設定はどれくらいが妥当か？

役員報酬は、いろいろな要素を考慮して決める必要がある

税理士として社長からよくいただくご相談に、「役員報酬額」があります。

役員報酬額の算定には、現在の会社の経営状況を正確に判断することが必要不可欠です。いま、いくらなら報酬額として出せるのかを判断したうえで、決定しなければいけません。

役員報酬の設定にあたっては、コスト全体を見て、そのバランスから決めるのが望ましいでしょう。

毎年確実に相当の利益が出ることが明らかな会社の場合は、最初から役員報酬額を多めに設定してもいいのですが、利益がどれだけ出るかはっきりとわからない場合は、税理士にも相談したうえで設定してください。

事業内容によって異なるところはありますが、売上額から仕入額、人件費、そのほかの経費、そして、税金を引いた金額内で役員報酬を設定したのなら、確実に支払える報酬額にできます。これが、役員報酬額の本来の設定の仕方です。

ところが、このようなプロセスで考えず、とても高い金額を役員報酬額として設定してしまうと、いきなり赤字経営になってしまうこともあるのです。

もちろん、社長がいまの生活レベルを維持していくにあたり、お金がどれほど必要なのかをご家族で検討していただく必要もあります。月１００万円の報酬がなければできない生活をしているのであれば、１００万円をとれるだけの仕事をしていかなければなりません。もちろん、80万円を自分の報酬から、20万円は奥様に働いてもらう、という方法もあります。

「生活費がこれだけかかっているのであれば、このくらいの役員報酬額をとる必要はある」と考えてもいいでしょう。

単年度経営計画書を立て、販売計画と利益予想を立てる

当然のことですが、会社は従業員に給料を支払わなければいけません。

そのためにも、社長の役員報酬額は、確実に支払える金額に設定するべきなのです。

わたしのお客様の多くは、単年度経営計画に従うと販売計画から利益の予想ができ、社長の役員報酬額がいくら以内であれば確保できるのかが計算できる、と考えています。

その前提で、税理士として経営状況を見て、十分な利益が出ている場合はわたしのほうから役員報酬の増額提案をしたことが何度もありました。

これはとてもいいケースと言えます。

ところが、残念なことに、単年度経営計画を立てていない会社も少なくありません。

また、最初に役員報酬額を設定する社長もいます。「役員報酬は２０００万円」と決め、そのた

めには売上がいくら必要なのかを考える方法は、いろいろな面で厳しい状況をもたらす可能性を含んでいるのです。

とくに急成長している会社は、役員報酬の金額設定に対する感覚に違和感を覚えることがあります。

「お金が儲かった！　だから、思いっきり自分の買いたかったものを買うぞ！」と考えてしまう傾向があるようにも思えますが、どうなのでしょうか…。

一方である社長は、役員報酬は1年間変えられないので、意識的に少なくしているそうです。ご自身は一番後回しで、ときにはスタッフのほうが高いときもあるとのこと。顧問税理士から、「社長の役員報酬額は安すぎます。さすがにもっと上げてもいいと思いますよ」と言われるほどですが、これくらいがちょうどいい、と考えていると聞きました。

一概にどれがいい・悪いとは言えませんが、いろいろな価値観があるものですね。

2　役員報酬額の設定方法

適切な役員報酬額を決定するために、税理士の力を借りる

ここでは、役員報酬を実務的な側面からお話しします。

税制的な話をすると、じつは役員報酬額の基準はありません。「過大役員報酬」という形で税務

署が否認することはありますが、最近はあまり問題にされないようになっている気がします。これは、税務署が裁判で負けた事例があったからなのかもしれません。

税務署の職員は、公務員です。日本国憲法では、公務員が民間の給与に干渉してはいけない、という考え方があるようです。

それ以降、税務署が慎重になり、役員報酬が高いか低いかについて明言することを避けるようになっています。

では、次のケースはどうでしょうか。

収入はアパートの賃料収入のみ、年商１０００万円の不動産保有会社があったとします。

この会社が役員報酬として、年８００万円を社長に支払っていると聞いたら、「多すぎるのでは？」と感じる人も、それなりにいるのではないでしょうか。

この場合のポイントは、身内ではない第３者がその仕事をしたときにも、同等の給与／報酬を出すのかどうかです。奥様に支払っている役員報酬額を、第３者の人が同じ仕事をしても同額支払うのかどうかが、その報酬額の妥当性を考えるひとつの判断軸になります。

社長によっては、「自分は社長だから、休みの日も経営をしているよ」と言い、高額役員報酬額の正当性を主張するかもしれません。

ただこのときは、税務署側が有利になる点がひとつあります。それは、ほかにはない業種別の報酬基準額一覧を税務署が持っているということです。

税理士のわたしたちは見ることができませんが、税務署はその地域の仕事別・売上別の報酬額データの統計をとっているようなのです。それに基づき、報酬額が高すぎるのではないか、と言ってくる場合があるようです。

ただ、報酬額が統計よりも低い場合、「もっと報酬額を上げてみてはどうですか？」とアドバイスしてくれることはありません。

役員報酬額を、一般的な基準で判断することは難しいものです。ぜひ、顧問税理士と相談し、経営を圧迫することもなく、社長としての生活も維持できる報酬額はいくらなのかを決めるようにしてください。

社長の家族への所得移転と間違われないためには

社長の家族への所得移転と間違われないためには、家族への給料も要注意です。

たとえば奥様やお子様がその会社で働いていれば、ほかの従業員と同じようにお給料を支払います。これは、労働の対価なのでまったく問題ありません。

ところが、本当は働いていないのにもかかわらず、「お給料」としてご家族の口座に振り込むケースも散見されます。

会社の口座からご家族の口座にお金が動く場合、それは何のお金なのか、きちんと説明できなければいけません。

働いた実績がない状態で、お給料分としてご家族へお金を動かし、さらに源泉徴収もされていなければ、社長の所得移転のような形になってしまいます。

3　会社と社長との個人的な貸し借り

「会社の財布は自分の財布」という感覚は、持たないほうがいい

中小企業のB／Sでほかに気になるのは、すでにお伝えしましたが、会社と社長との個人的なお金の貸し借りです。

これは、どこかできちんと解消しなければいけません。なぜなら、会社だけにとどまらず、社長個人のB／Sにも関わってくるからです。

問題は、「会社の財布は自分の財布」といった感覚になってしまう社長が多いことです。

これが常態化すると、会社全体の財務がわからなくなり、会社のお財布も社長個人のお財布もぐちゃぐちゃになってしまいます。

個人のお財布から会社のお財布にお金を入れる、つまり自分のお金を会社へ貸し付ける社長が多いのですが、そうではなく、しっかりと個人財産を蓄積すれば、退任後も安定した生活を送りやすくなるはずです。

でも、お財布もカードもどちらにも使える状態になっていて、これはまずいのでは？　と感じる

ケースをよくお見かけします。

銀行が会社のB／Sを見るときにも、社長との個人的な貸し借りは指摘されやすいからです。

会社から社長への貸付（社長貸付金）があると、「会社の資金繰りが大変なのに、いつまで貸付をしているんですか？　早くきれいにしてください」と言われかねません。

もし会社とのお金の貸し借りがあるのなら、早いうちに解消しておきましょう。

4　社長は会社と自分の人生の両面を大切にしよう

10年ごとに区切って対策を考えていく

社長も、年齢によって考え方が変わっていくものです。なぜなら、40代から50代になるときと、50代から60代になるときに出てくる問題は、まったく異なるからです。

わたしもそうでしたが、60歳になるときには「退職」を考え始めます。

やはり、40代と60代とでは、会社に対する向き合い方や考え方が異なるので、少なくとも10年に一度は、方針を考えてはいかがでしょうか。

たとえば40代、50代のときは、体力や野心に溢れているので、会社を成長させるほうへ優先順位が高まります。

もし希望するなら、上場を目指してもいいでしょう。もちろん、上場せずに稼ぐ方法もあります。

40～50代は、そんなことを考えていく時期です。

そして60代になると、誰に承継するか、という関心が高まってくるのです。

ほとんどの社長は、抱えるテーマが10年ごとに変わり、それに合わせて何をしていくべきかという行動が決まるのではないでしょうか。

おすすめは、ある時点で考えていることを書き残しておき、数年経ったところで振り返る機会を持つこと。

たとえば40歳の時点で考えていることを書き記し、50歳のときに見返して、「40歳のときはこう考えていたのか。いまはちょっと違うな」という形で、考える機会を持つのです。

言わば「人生プラン」ですが、それを事業計画と一緒に考えてみると、とてもわかりやすくなります。

社長の人生と会社はつながっている

社長は、どうしても会社を中心に考えてしまいがちですが、本来は社長の人生のプランがあり、そこに会社がついてくるのではないでしょうか。

もちろん雇っている社員がいる分サラリーマンとは異なりますが、まずはご自身の人生があって、そのなかで会社経営をしている、と考えるべきです。

「会社ありき」というよりも、人生の生業がたまたま会社の社長だった。そのように考えていない方は、非常に多いと感じられます。

まずは自分の人生があって、何歳まで生きる。そして人生の最後から逆算すると、何歳まで会社を経営するのか。

このように、まずご自身の人生のプランがあるべきです。

たしかに、いまのように変化のスピードが速い時代では、10年後、20年後は見えにくいかもしれません。

でも、「こう生きたい」というものは持っていらっしゃるのではないでしょうか?

「親とは違って、自分はこう生きたい」

「人生で、これを成し遂げたい」

「これだけお金を稼ぎたいから、自分の人生を生きるために、この会社を経営している」

といったものが先にあるのではないでしょうか。

会社を経営しているのは、その仕事に魅力があるからでしょう。ご自身が好きになれないことは、やっていないはずです。

結局のところ、「こう生きたい」につながっているのです。

ただお金儲けのためならば、長続きしません。

いま経営している会社は、ご自身の人生観とつながっている事業を行っているのではありませんか?

少なくとも10年に一度は、人生プランも交えて方針を考えていきましょう。

5　退任は、いつから考え始める？

年齢にかかわらず、人生のゴール設定は必要

生命保険の退職金プランのところでお話ししましたが、退職の時期を確定している社長はかなり少ないようです。

人生プランに従って会社を40代、50代で売却し、また次の起業を考える、もしくは悠々自適に暮らしたい、という社長もいるとは思いますが、そう考える方ばかりではないのではないでしょうか。ひとつの会社をずっと続けたい社長は、40代や50代のときに退職のことなど考えていないように見受けられます。

わたしも、引退を考えるようになるまでは、普通に「まだまだやれる」と思っていました。ただ、あと1年で「前期高齢者」と言われ、まわりのお勤めの人たちが退職する65歳が近づくと、やっとやめる時期を考え始めるものです。

若いときにピンとこないのは、当然と言えば当然の話です。そんなことを考えている余裕はありませんよね。それはそれで、いいのではないでしょうか。

ただ、これからは人生プランを持つことは必要です。ほとんどの社長が、人生プランをつくって

いないのではないでしょうか？

大切なのは、ご自身の現在地を見つめ直し、人生のゴールを見据えて、逆算で考えていくことです。

ゴールから逆算して、いまのご自身の現在地を見たうえで、目的地にたどり着くにはどうすればいいのかを考えることが、とても重要です。

それが見えなければ、どこへ行ってしまうかわかりません。

若いときに退任の時期を確定する必要はありませんが、ゴール設定と逆算はぜひ行っておきましょう。

6　個人の収支も押さえないとダメ

退任後に備えて、しっかりと蓄財をしよう

社長のなかには、会社の収支はしっかりと押さえていても、個人や家庭の収支まで押さえている人はなかなかいません。

会社とのお金の貸し借りがないようにすべきことはすでにお伝えしましたが、個人としてきちんとお金を貯めているかどうかはとても大切ではないでしょうか。

会社を大事に思う余り、会社の資金繰りに不安を感じると会社の口座に入れてしまうのではなく、

社長個人として会社からもらった役員報酬を、きちんと資産として残しておくべきです。

つまり、不動産でも株式でもいいのですが、何かしらの形で財産をつくっておきましょう。

収益を十分あげられる不動産を購入できれば、社長を退任したあとの備えになり得ます。

おそらく、公的年金だけでは、社長時代と同等の生活レベルを維持するのは難しいので、「年金プラスアルファ」の備えを本来しておかなければいけません。急に生活を縮小することはできないからです。

百歩譲って、不動産などへの投資を好まないのであれば、預金でも何でも結構です。

そうすれば、奥様と２人で余生を暮らす準備になるのではないでしょうか。

7　社長だからこそ、しっかりとした備えをしておこう

コロナの3年半を思い出してみよう

何度かお話ししている通り、多くの社長は事業への投資を惜しまないのですが、ご自身の生活、とくにリタイア後をあまり考えていないようにお見受けします。

また、お金があると使ってしまい、手元にお金が残らないケースも見られます。

本書を執筆している現時点（２０２３年６月）では、コロナも沈静化してきたので、旅行に行くなどお金を使い始めている方が増えてきました。

3年半ほど静かな暮らしをせざるを得なかったので、楽しんでいただくのはとてもいいことです。

コロナの3年半ほどの期間は、たとえばご自身の退任のこと、退任後のこと、万が一のこと、介護のことなど、さまざまなことを考えた社長は多いようです。

その背景には、コロナという予期しなかった事態もあったでしょうし、知人がコロナで亡くなったという人たちもいて、死を身近に感じたこともあったのでしょう。

とくに、残念ながらコロナで亡くなった方々は、遺言もできなければ、お亡くなりになる場にご家族が立ち会わせてもらえませんでした。

ですから、自分の意志表示は大切であり、「家族にきちんと残しておこう」と思った方も、いるのではないでしょうか。

実際、お客様から「遺言は、やはりつくったほうがいいのですか?」といったお問い合わせが増えてきました。

コロナで人生を考えた人は多かったが…

そして、ご自身が亡くなったときにどうするかを考える時間を持った社長も、少なからずいらっしゃいました。

しっかりと考える時間は、やはり必要であると思うのです。

有名な方がコロナで亡くなったのをきっかけに、考えて動いた方もいました。一方で、「このコロナが終わったら動こうか」と言っていた方もいます。

意外だったのは、「もう一度、ライフプランをきちんと組んでおいたほうがいいんじゃないかな」と言う人が多かったことです。

わたしのところは税理士事務所ですが、ライフプランの基本となる
「これからどう生きていくのか」

「どんな最後にしたいのか」

といったことを考えた方からは、ご相談をいただきました。

このように、コロナを機にライフプランを見直そうと行動した方もいるのですが、コロナが終ったら行動しようと思っていた人たちは、喉元過ぎれば…ではありませんが、いざコロナが沈静化すると、そこで行動が止まってしまったように見受けられます。

コロナは、わたしたちに「死」を身近に感じさせる事態でした。突然の死がいつ、誰に降りかかるかわからなかったからです。

わたしとしては、もう一度この時期に、ご自身の人生を見直すことをおすすめしたいですね。

考えるだけで終わらず、ライフプランを立てていこう

わたしは、知人の税理士が何人かコロナで亡くなったり、亡くなりかけたりした話を聞いて、とても考えさせられました。

亡くなり方も、何日ももたず急だったので、

「いつ何があるか、わからないんだな」

とつくづく感じたのです。

たとえば、税理士が1週間も経たずに亡くなったとすると、もちろんご親族の悲しみははかり知れませんが、仕事面では、お客様が困ってしまいます。

税理士が高齢になって仕事をすることが難しくなれば、お客様にお近くの税理士を探してもらう、もしくは信頼できる若い税理士にお客様を託すことが考えられます。

ところが、そういった事前相談なしに、わたしの事務所に顧問税理士が亡くなった、もしくは亡くなりそうだということで、「あなたのところで面倒を見てくれないか」という電話が数件あったのです。

いつも思うのですが、人はいつまでも元気でいられるわけではありません。

後継者を決めて引き継ぎの準備をしたり、もし後継者がいなければ誰かを探したりしておかなければ、いざというときに会社やご家族が困ってしまうことを、忘れないように心がけましょう。

とくにコロナのなかでは、相続人と被相続人が話をする時間がほとんどないままに、相続が突然発生しました。

ですから、想定しにくいような状況が生まれたことは、否定できません。

ただ、コロナは関係なく、以前と比べて親子のコミュニケーションがとても希薄になっているよ

うにも思えるのです。

そこで突発的なことが起きると、お子様に何も伝わっていないまま相続が始まってしまい、争いにつながりやすくなります。

事業と関係ない個人的な資産をどうするか、コロナをきっかけに考えたものの、「喉元過ぎれば…」で先延ばしにしている人は、そのときの気持ちをもう一度思い出して、ライフプランをしっかり立てることをおすすめします。

社長を退任したあとの人生も、とても長いのですから。

8　亡くなったときの用意は、専門家も交えて周到に

死後の希望を実現するためにも、事前に準備もしくは調べておくことは必須

わたしのある知人が、コロナで急に亡くなってしまいました。

この人は、「自分が亡くなったときには、こうしてほしい」という自筆証書遺言を残していたのです。

これで大丈夫…と思った矢先、思わぬ事態が待ち受けていました。

遺言書で問題となったのは、相続人宛ての部分ではなく、お世話になった宗教法人へのお金の遺贈に関わるところだったのです。

亡くなったご本人は、遺贈の形で宗教法人へお金を渡したら、相続税が軽くなると思ったのかもしれません。

ところが調べたところ、この遺贈は相続税の対象になってしまうことがわかりました。

結局、いったん相続人へすべて相続させて、相続人が寄付する形で宗教法人にお金を渡すことになったのです。

相続税の対象から外れることはなく、相続税を支払ったあとのお金を寄付することになりました。

ご本人はよかれと思って遺贈の形にしたのでしょうけれども、やはり税の専門家によく確認しないと、思わぬことになってしまいます。

少々細かい話をすると、今回の遺贈が相続税の対象にならないためには、寄付したお金がどう使われるかを宗教法人に確認しておくべきでした。

餅は餅屋、税金のことは税理士に相談しよう

税法では、宗教法人が会館などの、皆さんが使ってもらうような公益性のあるものをつくれば、国税庁長官の許認可を受けることで、税金がかからないようにすることも可能です。

でも、今回の場合はただの寄付なので、相続税の対象になるという判断になりました。

わたしのところへご相談があったので、税務署へ聞いたところ、相続税の課税対象になることが判明したのです。

遺言書をつくる際は、事前に税務的へ適正かどうかを確認しないと、結果的に亡くなった人の意思とは違う形になりかねません。

事前にわかったので、結果的に相続人の人たちに追徴されることはなく、大事には至りませんでした。

多額の相続税がかかる額の寄付をそのままにしていたら、お世話になった宗教法人に大変なご迷惑をかける事態になったでしょう。

宗教法人の方も理解を示してくださり、「もともと、わたしたちが申し上げたことではなく、亡くなった方のご意思をお聞きしていただけなので、相続人さんたちにお任せします」と言ってくださったので、ことなきを得ました。

これは、調整も含めて非常に難しいケースでした…。

それなりの知識がある人でさえ、想定外のことが起こります。

また、お世話になったという気持ちはわかりますが、きちんと調べたうえで実行しなければ、関係者に対して思わぬ迷惑をかけることになってしまいますので、注意が必要です。

多額の相続税に加算金や追徴税がかかると、大きな負担になってしまいます。

ですから、税金は税金のプロに確認し、シミュレーションを行ったうえで財産分けを決めていかなければ、怖いことになりかねないことを知っておきましょう。

9　孤独にならない、孤独にさせない

残念な事例から思うこと

コロナの3年半の間は、さまざまなことがあったのですが、ひとつ残念だった出来事をお話しします。

以前に資産税のご相談をいただいた方が、急にお亡くなりになったのです。コロナでお会いできず、訃報の知らせもかなり時間が経ってから届きました。

これはわたしの自戒も込めた話なのですが、会えなくても電話はできますし、メールで連絡をとることもできます。

「お元気ですか」

「お変わりありませんか」

といった連絡は、こまめにしていかなければいけないと思うに至りました。難しい税法の話も大事ですが、孤独にさせないことも非常に大切ではないでしょうか。

人と会えないときでも、「窓」を開けておこう

亡くなってしまった方は、高齢だったので、オンラインツールに精通していなかった可能性もあ

ります。でも、本書の主な読者である社長の方々は、ほとんどがパソコンを駆使していますよね。

オンラインの面談ツールも使っているでしょうから、直接お会いできない事態になっても、コミュニケーションをとることはできます。

それが、何よりも大切なのではないでしょうか。

わたしの事務所も、会社の社長たちに、月1回『KIYONO通信』という手書きのものをファックスでお送りしています。

決して特別な内容ではなく、「皆さんお元気ですか」といったことを書いたものです。

「いつでも相談できる窓は開いていますよ」といったスタンスでいるのが、大切なことなのです。

10　コロナで感じた「命のはかなさ」を忘れない

順調なときほど、ライフプランを考えて最悪の事態への備えを

実際のところ、コロナで人と会えない時期に社長がどんなことをされていたのかと言うと、社内の規定などの取りまとめをしている方が多く見られました。

やはり、多くの社長は、会社のことを一生懸命に考えるのですね。

一方で、社内をこうしよう、人事をこうしよう、というように会社のことを最優先で考える社長はとても多いのですが、ご自身のライフプランを考えている社長はちらほら…という印象でした。

高齢になっても、社長ご自身やご家族のことは二の次、という傾向はあまり変わっていなかったのかもしれません。

一方で、「人はいつ亡くなるかわからない」といったことがリアルになったので、気持ちのうえではいままでと違う感情も生まれた可能性はあります。

まわりで知人が急に亡くなったとき、コロナだったという噂は入ってきます。わたしの知人の税理士が亡くなったときも、「あの人、倒れて2日で亡くなったから、コロナでしょうね」という話が入ってくるわけです。

「え？　人ってこれほど簡単に死んでしまうんだ」と思ってしまうような話を聞いたとき、社長の皆さんはどう思ったでしょう？

いま社長が亡くなったら会社はどうなるのか、という話もあったのではないでしょうか。

コロナで感じた人の命のはかなさを教訓として、もしご自身に万が一のことがあったら会社はどうなっていくのかを見据えて経営していこうという思いは、多くの社長が感じたはずです。

もちろんわたしも、そう感じました。

一方で、コロナでもっと景気が悪くなると思ったところ、意外に儲かった会社も少なくありません。

でも本来は、儲かっているときほど、会社のことだけではなく個人的なことも含め、ご自身が亡くなってしまったときのことを考えるべきなのです。

第4章　税金や税務署に対する考え方

1　税務署のスタンスを知っておこう

税務署は、法人から個人への資産移転を厳しい目で見ている

税務署は、法人から社長個人に動くお金に対してとても神経質です。いまは使えなくなりましたが、法人が加入する積立型の、保険料の半分が損金になる生命保険などは、最たる例と言えます。なぜなら、法人が掛けたお金が一部損金となって、課税の繰延べが行われ、最終的には何らかの形で社長へ移転されてしまうことを意図的にできる節税商品だったからです。

この事態を重く見た税務署は、結局２０１９年7月以降に始まる契約からは保険料の損金算入が見直され、以前のような節税効果がなくなりました。

合法的な方法であっても、会社のお金を使って貯めたお金が社長個人へ移り、会社にも個人にもメリットがあるような状態に対して、税務署は快くは思っていないのです。

労働の対価として会社がお給料を支払う際も、きちんと行っているなら問題ありませんが、家族だから多めに払ってしまうようなことがあると、「家族だから、こんなに支払うのでしょう?」と、とても神経質に追求する時期がありました。

つまり、会社から個人にお金を移転するときには、慎重にしなければならないということです。お給料は、仕事をしてもらった対価として、従業員に支払うものです。ですから、同じ仕事をし

てもらっているのに、奥様には倍のお給料を支払うとすると、それはおかしな話ということになります。

法人から個人へ資産を移転するときには、きちんとした理由が必要です。働いたことへの対価であれば、当然ながら認めてもらえます。

でも、不公平感があったり、金融的な技術を使ったマジックのようなものを使ってお金を個人へ移したりすることは許さない、という考え方なのです。

マジックのような形での資産移転を、税務署は以前から認めていない

この税務署のスタンスは、ずっと前から変わっていません。

税務調査で実際にあったことですが、先ほどお話しした「損金計上できる積立型の生命保険」は、法律的にはまったく間違っていません。それでも、

「先生。これ、一応審理担当にかけますね」

と言ってきました。いまは、税務署の担当部署で誤りがないか、確認をとることを行っているようです。

これまで日本全国で否認された例がないことは承知のうえで、「審理担当」に確認させる形で、納税者に心理的負担をかけるような行動をとられました。

そして、審理担当に確認させたあとで「大丈夫でした」とお咎めなしだったのですが、待ってい

る間はプレッシャーで本当にドキドキしましたね。

結局のところ、法人から個人へのお金の移転について常に税務署は目を光らせているので、いい・悪いは別にしてすべて確認するというスタンスは、ずっと変わっていません。

「過大役員報酬」や「過大な退職金」のように、どこまでが「過大」なのかを争われたケースが多いのは、その証拠です。

税務署も最近は、報酬で争っても分が悪いと思ったのか、生命保険に関わる話題が多くなっています。

いくら生命保険をかけても「過大な保険」と文句を言われる筋合いはないので、どうしたのかと言うと、保険金が支払われるとき、あるいは契約者変更などで契約形態が変わるときに、税務チェックを厳しくしたのです。

「低解約返戻金型」の長期平準保険を例に見ると、わかりやすいでしょう。

法人が保険料を納め、その一部が損金になる。

そして、しばらくの間は解約返戻金が小さくて、その間に社長が安く（解約返戻金相当額で）買い取ります。

そして1回保険料を払ったところで、解約返戻金がボンッと上がるわけです。そのときに解約すると、社長個人に大きなお金が入る、そんなしくみです。

ちなみに社長個人に入ったお金は、「一時所得」という形で所得税の申告をします。

このスキームは、いまの税法では何ら問題ありません。でも、税務署はこれを「まかりならん」ということにしたのです。

つまり、マジックのような形で会社から社長個人にお金を移すのは、現在は税法上適法であっても、常識的でないと言うか、奇をてらった考え方なのでおかしいでしょう、というスタンスです。ある意味、

「自分たち国税の考え方からすれば、こんなマジックのようなものは許されるはずがない」

という思想ともとらえられます。

2　「潰された」節税スキーム

「足場」「ドローン」による節税も、封じ込められた

税務署がマジックのような節税を認めていない事例は、生命保険だけではありません。ほかにも潰されたスキームはあります。

たとえば、「足場」や「ドローン」による節税が潰されたことを、ご存じの社長は多いのかもしれません。

「足場」というのは、その名の通り、工事現場で使う足場です。足場は小さなパーツの組み合わせでできていますが、１つひとつなら10万円未満なので消耗品の扱いになるのです。

つまり、全体で3000万円の足場であっても、すべて損金で落とすことができるわけです。

具体的なスキームは、まずは自社で消耗品として購入した足場を、自社以外の会社に貸し出します。

一方で会社の定款を変更し、リース業を営むことにしながら、足場を貸し出した他社からリース料を得ることで、課税の繰り延べをはかるのです。

ドローンリースも、これと同じようなスキームです。

そしてこの節税スキームは、多くの人が利用するようになったこともあり、令和4年度の税制改正で封じ込められてしまいました。

「イタチごっこ」をやめて、「儲かる会社」になろう

足場やドローンは、生命保険をつかった節税ができなくなって、日の目を見たスキームです。

生命保険による節税や個人への資産移転ができた頃は、契約してから数年経って、解約返戻金がピークを迎えたところで解約し、収入として会社に入ってきます。

このときに社長が退職すればいいのですが、結果的に退職することは少ないので、会社はこのような保険を繰り返し、課税の繰り延べを延々と行ってきました。

そして、保険のスキームが潰されたことで、足場やドローンで課税の繰り延べが行われたわけです。

税務署の言うことだけを聞いていなくてもいいのですが、思想は知っておくべきです。

必要以上に節税スキームを取り入れなくてもいいのではないでしょうか。

「これがダメになったら、こんな方法もある」

といったイタチごっこを繰り返すのは、いかがなものでしょう？

そもそも課税の繰り延べなので、税金が消えてしまうわけではありません。

利益を出して、手残りがどれだけ増えるかを考えるのが、健全な会社のあり方とも言えます。

事業承継の観点でも、お子様に残したい会社はどんな会社でしょうか？

どうせ残すなら、「いい会社」を残したいのですよね。

ただ売上が大きければ「いい会社」というわけではありません。

ひと言で言えば「儲かる会社」です。

節税などで数字をいじることで、儲かっているのか、いないのかがわかりにくい会社を譲られても、受け継いだお子様が困ってしまうかもしれません。

きちんとした経営をしている会社を引き継いだほうが、お子様としてはありがたいはず。

借入が大きな会社や、数字をいろいろ調整しすぎてしまって何が何だかわからない会社を引き継げと言われても、適正な状態にするのはラクではありませんね。

中身がわかりやすく、さまざまなメドが立てやすい状態のほうが、引き継ぐ価値がある会社と思ってもらえることを、認識しておきましょう。

3　最近の税務署のスタンスがわかる事例

行為計算の否認

税務署には、行為計算の否認（常識的に明らかにおかしくて、問答無用でアウト）というものがあります。

（事例：高年齢の大地主さんが高額マンションを活用して相続）

90歳を超えた大地主さんが、子どもに資産を相続させるために、東京と川崎に高額マンションを購入。

ここで問題視されたことは、次の2点でした。

①90歳を超えた人が、このような投資をするのか

②運用に対する疑問

運用してわずか2年で子どもに継承。2年という期間は短すぎては運用とは言えないのではないか。

また、仮に8億円で購入したタワーマンションが、相続時の相続税評価では3億円。

その申告が終わる前に売却し、8億円で売れたとしたら…。

最高裁判所の結論は、「8億円で売買できる物件が、国が定めた相続税の不動産の評価方法で

3億円になったとしても、本来の相続財産の評価の基本思想である時価評価という考え方に照らすと、今回の相続税の不動産の評価は不合理であるから、この相続税申告の税額計算は否認されることに疑義はない」ということで、税務署の考え方を支持する結果になりました。

この結果については、今後不動産を使った相続の生前対策に大きな影響を及ぼすことが予想され、納税者とともに税理士も、相続税における不動産の評価はより慎重さを求められることになりました。

これは見せしめのケースかもしれませんが、ここでのポイントは、常識から外れることはしてはいけない、ということです。

4 「名義預金」に注意

名義預金とは、実際にお金を出した人と口座の名義が違う預金

銀行口座の管理については、本当に気をつけてほしいことがあります。それは、家族の口座へ安易にお金を移してしまうことは、厳に慎みましょう、ということです。

とくに、家族間でのお金の移転は注意しましょう。

いわゆる「名義預金」の問題になることがあるからです。

名義預金は、「実際にお金を出した人と口座の名義人が違う預金」を言います。

法人成り前の個人事業主時代の、家族間の資金移動も要注意

とくに注意が必要なのは、法人成りする以前に個人事業を営んでいたケースでしょう。なぜかと言うと、事業をしているときに、家族間でお金を動かしていた人が多かったからです。

当の本人にしてみれば、いまとなっては数十年も昔の話であり、法人化しているので、

「そんな前の話なんか、わかんないよ」

と言いたくなるでしょう。

でも、ご家族にとても大きなお金が動いた事実は明白です。

たとえば、元社長が亡くなったときの預金残高が５０００万円あって、これで相続税の申告をしました。

ところが、奥様の預金残高は2億円あった。そして、お子様の預金残高は1億円あった。こんなケースです。

そのようなとき、

「奥様は当時、その個人事業で働いていたから、残高が多くても何の不思議はない」

と主張しても、昭和30年代くらいの給与水準を見ると、公務員でも1～2万円です。どれだけ積み上げても、それだけの残高にはならないでしょう。

税務署は、名義預金を相続税逃れのためと見做しているので、税務調査では厳しく追求されます。調査に入った税務署員に指摘されて、

「そんなに疑わしいなら、計算してみてください」

と言うのですが、やはり計算をしても、そこまでの残高にはなりません。

たしかに、給与の手取り額５００万円を30年以上積み上げることができたなら、残高が２億円近くに達することもあり得ます。

でも、「奥様のお金はまったく使わず、社長のお金だけで生活して、これだけ積み上がったんだ」という主張は正当性があるように聞こえますが、いま80歳になる奥様が70歳までに２億円を貯めるのは、非現実的な話と言わざるを得ません。

根拠があって、説明できるものなら、もちろん大丈夫です。

決して奥様やお子様の預金残高が多くてはいけないと言っているわけではありません。わたしが言いたいのは、

「常にその説明ができるようにしていてくださいね」

ということです。

悪質と認定されれば、重加算税の対象に

以前であれば、ご主人様が奥様やお子様の名義で口座をつくることができました。ひとり３００～３５０万円の非課税枠があった時代もあり、いろいろな銀行に、本人以外の名義の口座をどんどんつくってしまった人もいます。

本人が知らないところで口座がつくられて、お金が積み上げられていく。
場合によっては、そのお金を入金していたのは、ご主人様に依頼された奥様やお子様であることも…。

そうすると、税務署から

「あなたたちも、所得移転を手伝っていましたね。これは重加算の対象ですよ。だって、自分のお金ではないと知っていて、行っていましたよね？」

とも言われかねません。

わたしも、お客様が理不尽なことを言われれば、しっかりと主張します。
ラチがあかないときは、税務署も引くことになりますが、そもそも痛くもないお腹を探られるのは嫌ですよね。

また、

「お金を家族に移しても、税務署にはわからないだろう…」

と思っている人は多いのですが、そんなことはありません。

税務署は、調べるときは周到に調べるものです。

名義預金と認定されかねないケースをつくってしまわないよう、注意が必要なことを覚えておきましょう。

第5章　「人」から考える相続・事業承継

1　事業承継の「いま」を考える

親として「子どものしあわせが第一」と考える社長が増えている

いざ事業承継を考えようと思ったとき、考えるポイントはたくさんあります。

そもそも会社を経営していると、現社長の代でやめるという選択肢をとらない限りは、「承継」を考えなければいけない時期が、どこかでかならずやってきます。

この承継をどう考えるか、という話なのですが、たくさんの社長からお話を伺うなかで、ご自身のお子様に継がせるべきかどうかとても真剣に考えているな、と感じます。

これが開業医なら、ほとんどの方がお子様にも医者になってほしいと考え、医学部に入れて医師免許を取得させ、大学病院なりで修行を積んだ末に病院やクリニックを継いでもらう、というプロセスを思い描いているケースが多いのではないでしょうか。

１００％とは言いきれませんが、高い確率でお子様が後継者になってくれることを期待しているはずです。

一方で社長の場合、お子様を親としてずっと見てきているので、ご自身がやってきた事業を継げるかどうかを冷静に判断していることも少なくありません。

そして、「自分が事業を起こしたときのような、ハングリーさがない…」と感じることがあるようです。

そうなると、やはり事業を継がせることが会社にとって、そしてお子様にとっていいかどうかという判断のほうが先に立つわけです。

最近の社長はどちらかと言うと、事業の継承よりもお子様のしあわせを優先される方が多いように感じられます。

もっとも、それが親心なのかもしれません。

家族関係の変化で、事業承継のあり方も変わっている

昔であれば、「家」が基準であり、家や事業を誰に継がせるのがいいか、という判断でした。でも現在は、この考え方がかなり揺らいでいます。ですから、事業自体が長く続かない傾向も出てきているのです。

たとえば、お子様が女性だけで、息子さんがいない場合、昔であれば事業を継いでもらいたいときは、お婿さんを迎え入れるか、社員に娘さんの結婚相手になってもらって後釜に入ってもらうのが多いパターンでした。でも昨今は時代が変わり、娘さんがお嫁に出るケースのほうが多くなっています。お婿さんをとりにくい時代なのでしょう。

もちろん、よほどの老舗の大企業なら話は別ですが、一般的な中小企業であれば、お嫁に出したほうがしあわせだ、という判断があるのかもしれません。

つまり、現代は「家」や「事業」から、「人」に基準が移っているのです。
いい・悪いではありませんが、事業の承継がスムーズに進まないのは、そのような時代の変化もあるのではないでしょうか。

戦前の民法にあった家督相続がなくなったこともありますが、社会の変化も大きいと思われます。昔の事業承継は、「家や会社の存続」が先に立っていたので、子どもがいなければ兄弟のお子様を養子に迎えるなど、何が何でも跡取りを見つけようとしていました。

でもいまは、娘さんが「いや、わたしはお嫁に行くから」と言いますし、親としても娘さんのしあわせを優先することが増えています。

会社の優先順位が下がってしまうのは、仕方がないのかもしれません。

もちろん、その事業を続けたほうがいいのかどうか、という判断をしたうえでのことにはなります。

ですから、ある程度の規模や実績、将来性のある企業しか残っていかない時代になっていると言えます。

昔であれば、街の商店でも跡取りを探すのが普通でしたが、いまは「誰も継がないなら、自分の代で終わりにしよう」という時代です。

社会背景の変化によって、事業承継自体のあり方が全体的に変わってきたことは、否定できない事実でしょう。

優秀なお子様が多いことも、お子様への承継をためらうひとつの要因

たとえば、いまはこんなケースも多いのではないでしょうか。

社長が、大事なお子様にしっかりとした教育を受けさせて、お子様全員を有名な大学に通わせることができた。

そして、誰もが知っているような大企業に就職することとなったとします。

すると、お子様のしあわせを考えてのことでしょうけれども、無理に事業を継ぐことを強要することはなく、

「子どもには、その会社でがんばって出世してほしい。俺一代で、この会社が終わってもいい」という気持ちになる社長が多いように感じます。

社長のお子様には優秀な方が多く、ご自身が経営している会社よりも大きな会社に入った場合には、そちらのほうが安定しているかな…と思うこともありますよね。

長年社長として会社を運営するなかには、大変な思いをすることもあったでしょう。自分がしてきた苦労をさせるよりも、もっと違う道を歩ませたほうが…と考えるのは、もっともなことです。

昔のように「やりなさい！」と言うのではなく、「どう？　やってみる気はある？」といったような打診から入る社長が多いのではないでしょうか。

そして、お子様がその時点で「いやあ…」と言えば、おそらく無理強いはしないのでしょう。

2 「やめどき」をどう考えるか

「心の整理」ができるかどうかがポイント

会社員とは違い、社長はやめどきをご自身で決めることができます。

でも、だからこそやめどきを決めるのは難しいのかもしれません。

たとえば、「まだまだできると思っているのに、やめなきゃいけないのか？」といった思いを持つこともあるでしょう。

もちろん、もう燃え尽きたと思うのであれば、社長を交代すればいいのですが、まだまだやりたいことがある、と火種が燃えているような状況であれば、簡単にはやめられません。

世の中には、年齢が上がったとしても本当はやめたくない社長は多いのではないでしょうか。

ある年齢が来たからやめる、ということではなく、心の整理ができているかどうかのほうが、要因として大きいように思えるのです。

以前税理士仲間で話していたとき、大きな税理士事務所をつくり上げた税理士が、「75歳になったら、やめます」と言っていました。

ところが、じつは税理士をやめないケースが比較的多いような気がします。

大きな税理士事務所はやめても、ひとりでできる範囲の仕事だけを続けている人も少なくありません。

　まだ仕事をしたい、という火種が残っているのでしょう。

　まだ火種が残っている社長も、いっそ本業を新社長に早く譲り、少し別の分野で仕事をがんばっていく、という方法があるはずです。

　さもないと、たとえば会長職になったあと、新社長や会社に口出しし、社員たちも「どちらの言うことを聞けばいいの？」と困ってしまいます。

　完全に仕事そのものから引退せず、できることを続けるようにすれば、心の整理がしやすくなるのではないでしょうか。

3　お子様がいる場合にしておくべき対策

「できる・できない」ではなく「したい・したくない」を聞いていますか？

　会社の将来を考えるとき、そもそも親族の誰かに継がせるのか、閉じていくのか、それとも親族以外の人に継がせるのか、いろいろな選択肢があるとは思いますが、まずは方向性が決まっているかが非常に大切です。

　会社を引き継ぐ人として第一候補になるのは、お子様ですね。まずは、お子様とお話ができているかが重要なのです。

親の目から見て、「うちの子は社長には向いていない」と言う社長も多いのですが、そもそもお子様にきちんと想いを聞いていますか？

最近は、親の苦労を子どもにさせたくない、というケースが増えています。

ただ、わたしから見ると、それがとてもいい企業であることも多く…。

最終的にバイアウトした例を見ても、非常に優良な企業だったケースが少なくないのです。

ある会社の社長に複数のお子様がいたのですが、社長は「どの子も社長には向いていない」と言っていました。バイアウトするのも大変な決断なのですが、その会社は毎年数千万円の利益を出していました。

でも、結局お子様には継がせなかったのです。

もちろん、長年会社を経営してきた社長の決断なので、尊重すべきなのですが、お子様とお話ができていたら、違う展開があったのかもしれません。

継ぐ場合、継がない場合の株式の扱いまでしっかりと考えよう

会社をお子様が継がない場合、ひとつ問題になることがあります、

誰も継がないとき、事業承継から「相続」に変わるのですが、会社の経営に関わらないお子様に社長が持っている株、つまり自社株を渡しても、財産という意味では何の意味もなくなってしまいます。

もし業績のいい会社なら、株価は上がっているはずです。

でも、上場株とは違い、中小企業の株は売りにくいですし、社長に相続が発生したら多額の相続税がかかってくるわけです。

これは、お子様にとって大きな負担になるでしょう。

こんなときは、会社がその株を買い取れるように、定款に定めておく必要もあるかもしれません。さもないと、お子様は多額の相続税を納めなければならないために、相続するのが嫌になってしまいかねませんね。

中小企業の場合、株主にふさわしくない人が入ってこないように株の譲渡制限があるケースも多いので、ここも対策をしておく必要があります。

最悪のシナリオは、何も対策をせず、バイアウトもしないこと。これでは、大変な苦労をお子様に背負わせることになるでしょう。

ですから、会社の従業員や大切な家族のためにも、会社を存続させる手段を早めに準備しておきましょう。

もしお子様に継がせる気があるのなら、そしてお子様も継ぐ気があるのならば、会社の株をどう移動していくかが最初のポイントです。

ちなみに、自己株式や非上場株式の相続に関する詳しい中身は割愛しますが、いろいろ複雑な部分があるので、まずは専門家に相談することをおすすめします。

4　お子様に継がせない場合の選択肢

外部から招聘する場合、適切な人材が見つからないことも

もしご親族のなかに承継できる人がいないときには、外部から人を呼ぶのもありです。

ところが、そう簡単に適切な人材が見つかるものでもありません。まず、外から入ってきた人が信用できるかどうか、という問題があります。

もし優秀な人が見つかって、来てもらったとしても、社員が違和感を持つ可能性が高いのではないでしょうか。

まったく知らないけれども能力だけは高いような人は、社員の皆さんは戦々恐々として、「もしかするととてもドライで、バッサリと切られてしまうのではないか…」と落ち着かない気持ちになるかもしれません。

優秀な人であればあるほど、軋轢が発生してしまいかねないのです。

お付き合いがある同業者で、自社が持っている拠点をほしがっているようなケースであれば、話が違ってくる可能性もあります。

どこかの企業の拠点として、そこへ事業譲渡をしてしまうのが、ひとつの安心なパターンと言えます。

なぜなら、その事業のことをよく知っているからです。

わたしのお客様である社長が病気になってしまったために、お客様の基盤も含めて会社を事業譲渡したケースもありましたが、とてもいい選択だったのではないでしょうか。

もしお子様が後継者にならないという前提であれば、一緒に働いている社員のなかに「継いでもいい」と言ってくれて、社長自身が任せてもいいと思える方がいればいいのですが、そうではないときは、せっかくの会社を潰してしまいかねません。

会社の事業承継というのは非常にデリケートな問題であり、いろいろクリアしなければならない問題があります。

早い時期から慎重に対応していかなければならないと、毎回このような事例に当たるたびに思い知らされます。

時間が経っても選択肢が増えるわけではないことを知ろう

結局のところ、継承する人が見つからず、どうすればいいか判断できないときは、そもそもの選択肢がわからなくなっている状態なのではないでしょうか。

決して考えていないわけではなくても、どれを選択していいか決めきれないというケースもあるでしょう。

でも、もしかすると選択肢は、会社をたたむか、とても近しいところに委譲するか、というせいぜい2つ程度しかないのかもしれません。

それがわかっていながら、「まだ大丈夫だろう…」というようにたかを括って、決断を先延ばしにしている社長もいるはずです。

ただ、先延ばしは決していいことではありません。

その気になれば、どうすればいいのかは見えてくるはずなのですが、見たくない、考えたくない、と考えてしまっていませんか？

「時間が経てば、別の選択肢が出てくるかもしれない」という思いもあるのでしょうけれども、現実的には出てきません。

急に局面が変わって、白馬の王子みたいな人が出てくるようなことは、そうそう起こらないのです。

ですから、考えられる選択肢のなかから、どうするかを早く社長が決めないといけません。

そうは言っても、社長が元気なうちは、ご自身でいろいろとできてしまうために決断を先送りにしがちです。

先ほどのお客様のようにご自身が病気になったときなどに、やっと考えることになることが多く見られます。

事業承継の道筋を決断するなら、やはり元気なうちにしておくことをおすすめします。

なぜなら、そのほうが、より適切な判断ができるからです。

子どもに継がせない場合の選択肢

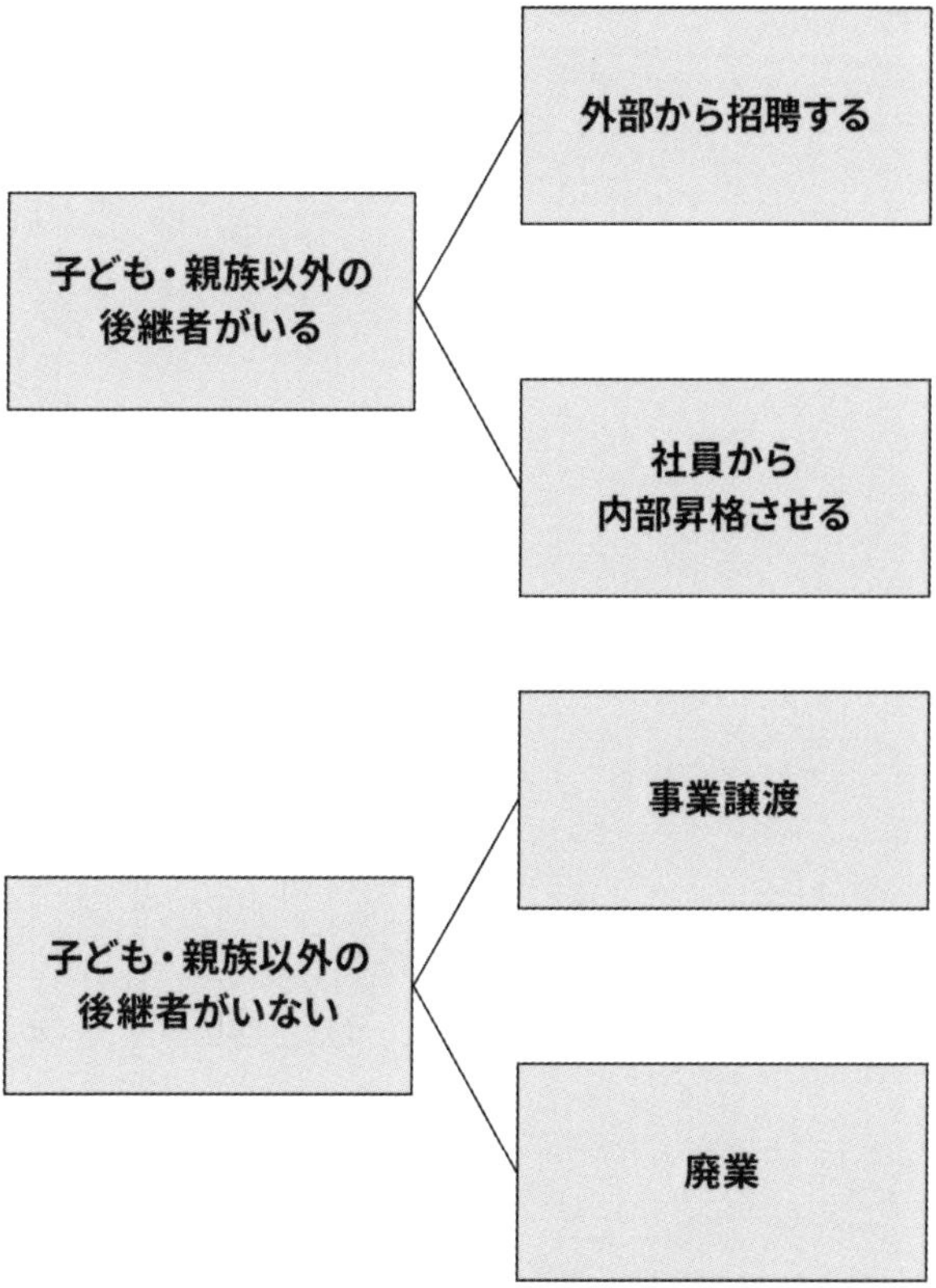

「まだ大丈夫だろう…」と決断を先延ばしにしない
事業承継の決断は元気なうちにしておきましょう

5　奥様とお子様がいる相続で気をつけること

一番意見を聞かなければいけないのは、奥様

奥様とお子様が相続人の場合は、財産の振り分け方も大事なのですが、いままで相続案件を経験してきて問題と感じているのは、生前に奥様の意見を聞く社長が少ないことです。

わたしの母はもう亡くなっているのですが、いま思うと、母が何を思っていたかを聞いたことがありません。

恐らくですが…父も、母の考えを聞いた様子はありませんでした。

社長の相続対策で、社長の対策はしっかりと行うのですが、そこに奥様の意向があまり入っていないことが多いのです。

ただ最近は、物を言う女性が増えたのか、70代くらいの社長が、奥様の話を聴くようになっています。

「それは違う！」とはっきり言う奥様も、たくさん見るようになりました。

じつは、相続のキーマンは奥様です。奥様の言うことは、お子様たちも無下にはできません。

これは、財産の半分は奥様に渡さなければダメ、と言っているわけではありません。

そうではなく、仮に社長、奥様の順番で相続が発生したとすると、奥様がどう考えているのかが

とても大切だ、と言いたいのです。

相続対策でも、奥様の意向を聞いておかなかったために、残念な結果になることも…。税理士が相続対策で失敗するときのポイントとして、奥様の意向を聞かなかったことがとても多く見られます。

奥様の話を一番聞かなければいけないことは、見落とされがちなのです。

お子様に会社を継がせる場合も、同様です。

ワンポイントリリーフで奥様が会社を引き継ぐ場合もありますが、奥様は子どものことをよく知っているものです。

逆に、とくに以前であれば、社長はお子様とあまり接していないことも多かったような気がします。

いまは時代が変わっているのでかなり変わりましたが、お子様とのコミュニケーションがあまりうまくない社長は多いのではないでしょうか。

社長に質問です。奥様の夢って何ですか？　と聞かれたら、答えられますか？

じつは、わたしも妻の夢を知りません…。話していないからです。

自分のことは語っても、妻の夢をしっかりと聞いていないので、叱られることもしばしばです。

ですから、社長は奥様の人生を、一緒に、本気になって考えなければいけません。これは、わたし自身への戒めでもあります。

6　社長が離婚をしているケース

子どもの有無などによって、配慮するポイントは違ってくる

昨今は、社長が離婚を経験している、もしくはバツイチで再婚、といったケースも少なくありません。

問題になりそうなのは、前妻、後妻双方にお子様がいる場合でしょう。

相続で言えば、前妻には相続権はありません。

ただ、前妻の間のお子様には相続権があるために、どのお子様に会社を継がせるか、という問題が出てきます。

前妻とのお子様が現在まったく別の仕事をしているのなら、後妻とのお子様が有力な後継者になりますが、前妻とのお子様も同じ会社に入っているケースは悩ましいものがあります。

親としては、どちらも優秀で会社の礎になってくれれば言うことはないかと思いますが、会社の社長には「ひとりだけ」しかなれません。

ですから、親としてきちんと意思表示をする、遺言書を書いておく、といった対応が求められます。

なお、相続を考える際は、そもそも会社を継がない前妻とのお子様に株を渡す必要はありません。

もらった側も、困ってしまうだけです。

ただ、相続財産のほとんどが株式のときは、生前の相続対策が必要です。

たとえば、総財産が10億円で、そのうちの9億円が会社の株式だった場合、換金ができそうな財産は1億円しかありません。

後継者のお子様に9億円、もうひとりのお子様に1億円では、揉める材料になることは想像できますよね。

もし会社を継いだお子様に、もうひとりのお子様が遺留分侵害額請求をしたときには、継いだお子様はご自身の財産を売るなりして、お金をつくらなければいけません。

そうすると財産がなくなって、会社も個人の生活も立ち行かなくなる危険があるのです。

急に財産構成を変えるのは難しいので、家庭環境、会社の環境で懸念材料があるときには、株式以外の財産を着実につくるような早めの準備をしておくことが、一番の対策になります。

また、このようなケースでは、財産の配分以外にも配慮しておくべきことがあります。

それは、前妻とのお子様に普段から気遣いをしておくことです。

関係をよくしておかないと、大変なことになりかねません。

そして、前妻と後妻のお子様同士の関係性も、きちんと見ておくのも大切なことです。2人の仲がよければ、火種はゼロではないとしても、とても安心な状況であると言えます。

もちろん、仲良くするかどうかは本人同士の問題ですが、関係性は把握しておくに越したことはありません。

後妻にも、前妻のお子様を気遣うようにしてもらえれば、なおよいでしょう。

家族としての人間関係が、とても重要なのです。

7　お子様に「いつ」継ぐ意思を確認する？

社会人になる前段階で、継いでもらうかどうかを決めよう

お子様がいる場合の、事業承継に関しては、継ぐ意思があるかどうかを確認しておく必要があります。

ただ、お子様が何歳くらいになったときに確認すればいいのでしょうか？

あくまでもわたしの意見ですが、本当に継がせたいなら大学を出てから5～6年は他社へ修行に行かせ、30歳くらいから10年ほど親（社長）と並走し、40代になったら継がせるのが理想的な形でしょう。

最初から継がせるつもりなら、大学を卒業してすぐに自社へ迎え入れることが最善策であり、家や本人の事情によってすぐには難しいとしても、30歳頃から継がせる準備をしておくのがいいと思われます。

お子様が40代なら親が70代くらいなので、承継の頃合としてはちょうどいいでしょう。

大事なのは、継がせたいという話を早いうちにしておくこと。30歳で会社に入ってもらうなら、たとえば社会人になる前段階、つまり高校生・大学生の頃には継いでもらうかどうかを決めておかなければいけません。

わたしのお客様である社長のところに「学校の先生になりたい」と言ってきたお子様がいらっしゃいました。

教育学部に入ったということは、そのお子様はもう会社を継ぐ可能性が低い、という判断になります。

お医者さんになりたい、と言うような優秀なお子様なら、もう跡継ぎとしては諦めたほうがいいかもしれませんね。

ですから、高校を卒業するときの進路で、後継者になり得るかどうかある程度わかることもあります。

一概には言えませんが、継がせるのなら、やはり経営学部、法学部でじっくり経営やコンプライアンスなどを学んでもらうといいでしょう。

業種によっては、理系の学部のほうが必要とされるケースも見られます。

お子様の意見が最大限尊重されるべきとは思いますが、最初から後継者として期待され、お子様本人もその意志があるのであれば、社長を多く輩出していて、社長の人脈も豊富な伝統ある大学を選ぶのも、ひとつの方法ではないでしょうか。

8 お子様が複数名いる場合、後継者をどう選ぶ?

資質を見極めて、ひとりだけを会社に入れるようにしよう

お子様が複数名いる場合、一緒に会社へ入れるのは、非常に危険をともないます。

なぜなら、揉める原因になり得るからです。

たとえば複数人いるお子様全員を会社に入れて、そのうちのひとりを後継者にしたとします。

ところが、後継者以外のお子様のほうが、社内の人望はが厚いこともあり得るのです。

これは、揉める原因になると思いませんか?

誰が、どれだけ株を持っているかも絡んでくると、複雑さが増してしまいます。

ですから、お子様が複数名いる場合は、どのお子様がもっとも適任かを決めて、ひとりだけ「(将来の)社長」として迎え入れたほうが、リスクを減らすことができます。

その場合、株もその人に集中しなければ後々揉めるので、注意しましょう。

いろいろな対策をしなければ、兄弟仲も悪くなり、将来の相続でさらに揉めることになってしまいます。

大切なのは、資質を見極めて選ぶこと。

そのときのポイントは、もちろん業種や業態によって違いはあるかもしれませんが、社員から

「この社長ならついていく」

と思ってもらえるかどうかでしょう。

具体的には、やはりその会社の仕事をよく知っていることです。

ただ会社にいて、ゴルフなどの人付き合いはうまくても、事業にほぼノータッチの人では社員も不安になってしまいますから。

そして、社員の立場で考えることができて、社員の性格も知っていて、そのうえさまざまなことに目くばせができて、その人に合わせたポジション配置ができる。

さらに、営業も現場ももものづくりも知っている。

そのような人が社長になるのが、理想的ではないでしょうか。

もしお子様複数名を会社に迎え入れて、親が後継者を決めたなら、ほかのお子様ときちんと話をして、もし株を持っていれば譲り渡してもらいましょう。

場合によっては、株を持ってもらったままで、議決権のない種類株式に変えておく方法も考えられます。そして株の資産価値を高め、株価が上がったところで、親が元気なうちに買い取ってあげるのです。

もしくは、どこかのタイミングで去ってもらうことも選択肢になるかもしれません。

事業承継も相続と同じで、利害関係者に対していかに配慮できるのかが大きなポイントです。

もしお子様のなかにお嬢様がいて、そのご主人様がその会社の役員だったとすれば、より問題が複雑化するケースもあります。

それだけ事業承継は問題が発生しやすいと知ったうえで、対策をしていきましょう。

9　お子様がいない場合の事業承継をどう考えるか

社内に後継者がいなければ、バイアウトを視野に入れた環境を整える

お子様がおらず、事業承継をどうすればいいか悩んでいる社長も少なくないでしょう。

もっとも無難なのは、ご自身と一緒に働いてきた社員のなかから、会社のことをよく理解していて、ご本人もこの会社でやっていきたいと思っている人を後継者にすることです。

その選択肢がとれるなら、とくに問題はないでしょう。

ひとつ問題になるのは、お子様がいたとして、親が一緒にやってきた「番頭さん」のほうが適任である場合です。

このような場合は、会社のためにもお客様のためにも、社員のためにも、誰が社長になればいいか、という観点で判断するべきです。

お子様がいない、そして社内に適任な後継者がいなければ、バイアウトをするか、外部から誰か社長をしてくれる人を招聘するしかありません。

ただ、外部から社長を連れてくる例はゼロではないのですが、社員が拒否反応を示す可能性が出

てきます。

同業他社で、社員全員を雇用してくれる条件を提示してくれるところがあれば、バイアウトするのがとても有力な選択肢になるはずです。

この場合、いかに買い手がつく会社をつくっていくかが、考えられる最善の対策と言えます。ポイントとしては、ほかの会社がほしい技術を持っている、有力な販売ルートや営業ルートを持っている、といったことになるのではないでしょうか。

どうしても会社を手仕舞いしたくなければ、買ってもらえる材料をつくっておきましょう。従業員のレベルを上げることも、対策のひとつと言えます。

10 持ち家がある場合、相続をどう考えるか

家を継ぐことの責任も理解してもらいつつ、適正な分割を考えていく

社長に持ち家がある場合、お子様にどう資産承継していくのかは、一筋縄ではいかない問題です。自宅以外にも資産はあるはずなので、それをお子様たちにどう振り分けていくか、という問題も関わってきます。

お子様に持ち家があるか、といったことも考慮する必要があるでしょう。

家を継ぐという話には、親の面倒を見る、お墓を守る、といったことも関わってくるのです。家

を引き継ぐのであれば、お子様たちにそこをきちんと理解してもらわなければいけません。

ほかには、ご近所の付き合いなども本来はしなければいけませんよね。地域によっては、地元の名士が集まる会のお付き合いがあるかもしれません。

基本的には相続にともなう財産分けの話なので、相続人が2人なら基本は半分ずつ、3人いたら3分の1ずつ、ということになります。

もしご長男が家を継ぐなら、不公平にならないように現預金などのほかの資産で調整する、といった流れになりますが、事業承継が関わってくると、地元のお付き合いなどが絡んできます。

ここが、普通の相続との大きな違いでしょう。

11　障害のあるお子様がいる場合

家族一丸になって面倒を見ていく覚悟を持つ

お子様のなかに、障害を抱えるお子様がいるケースもあります。

このようなケースでは、たとえば信託銀行が提供する商品があったり、最近は家族信託というのが注目を集めたりしていますが、ここでは方法論ではなく、家族の関わりを中心にお話しします。

まず、親が元気なうちは、どうにかして面倒を見ることはできますが、いつかはほかの兄弟に託していくことになります。

そうすると、託されたお子様たちは、ご自身の家族、つまり配偶者やお子様以外の人を扶養していかなければいけなくなります。

まずは、そのためにどれくらいのお金がかかるのかをシミュレーションするべきでしょう。

障害の程度にもよりますが、ご自身のことがまったくできないようであれば、同居して面倒を見るのはほぼ不可能ではないでしょうか。

ですから、専門の施設に見てもらうのが、現実的と思われます。その場合は、いかに経済的な支援を行っていくのかが、ポイントになるでしょう。

揉めやすいケースとして、２人が健常者、ひとりが障害者の兄弟で、誰が見るのかという話になったときがあげられます。

言い方は悪いのですが、「押し付け合ってしまう」ケースです。

親として、このようなケースのときは遺言書の付言事項（感謝や気持ち、願いを伝える文章）などに、

「協力して、面倒を見てあげてください」

といったものを残しておくべきです。

実際、ある会社の社長の弟さんに障害があり、経営しながらその弟さんの面倒を見たケースがあります。

弟さんは入院したままで、生活全般を支えなければならない状況でした。

さすがに社長だけでは難しく、社長の奥様やお子様もお手伝いしなければならないこともあります。

この場合に必要なのは、やはり「覚悟」ではないでしょうか。社長と奥様、お子様が一丸となって面倒を見ていかなければ、厳しいものがあるのです。

家族が向き合い、早いうちに話し合いを始めよう

このようなお子様の障害の話は、わたしが社長と話すなかで、最後の最後に「じつはね…」という形で出てくることが少なくありません。

その場合は、「今後はどうされたいですか?」とじっくり聴いていくようにしています。

親としては、ご自身が見られるところまで面倒を見よう、と思っているものです。でも、亡くなってしまったあとは何もできないので、兄弟の誰かが面倒を見て、ほかの兄弟が経済的な支援をしていくパターンが多いのかもしれません。

そのような形で兄弟が協力していくよう、丁寧にお願いしていかなければいけないのでしょう。

家族みんなに関わることとして、向き合っていく。

それが、最善の方法ではないでしょうか。

面倒を見る人の精神的な負担も、しっかりと考えてあげる必要があるのですが、負担を軽減できるのは、結局は経済的な支援です。

やはり、早いうちに話し合いを始める必要があることは間違いありません。さもないと、仲のいい兄弟のそれぞれの人生に大きな影響を与えることになります。

12　ご親族に「おひとりさま」がいる場合

万が一の際の影響を考え、早く「設計図」を描こう

社長の親族に「おひとりさま」がいる場合は、その方にご自身の遺言書を書いていただく提案をしたほうがいいケースが多く見られます。

たとえばわたしが関わったなかには、社長のご親族で結婚しておらずにお子様もいない方がいました。

そして、お会いしてすぐに遺言書を書いてもらいました。

それからわずか半年後にその人が亡くなったのですが、遺言書があったので社長がするべき相続手続は最小限で済み、とても感謝されました。

「おひとりさま」については、その人亡きあとでも自然な形で解決するのか、解決しないならどうするのか、といった設計図がなければ、残された親族が揉める火種になることもあれば、財産が国庫帰属になってしまうこともあり得るのです。

やはり、準備は早くしておくに限ります。

この方のケースは、いま思うと本当に冷や汗ものでした。

13 事業承継したあとの会社への関わり方

あまり口出しをすると、新社長が困ることも…

大切に育ててきた会社を、お子様にへ無事承継できた…。これは、理想的なケースのひとつであると言えます。

ただ、もし会社を後継者に引き継いだとしても、すぐに前社長が経営からまったく離れてしまうわけではありませんよね。

「会長」として経営に残るパターンがあります。

じつは、これには難しい側面があります。会社を長年経営してきた人が「会長」として存在感を持つと、新社長が思いきったことをできなくなることがあるのです。

なかには、「俺の目の黒いうちは…」とおっしゃる会長も、いるのではないでしょうか。

もちろん新社長と会社を思ってのことですが、あまりにも口出ししてしまうと、新社長が思ったようにできないことにもなりかねません。

たとえば、新社長の部下が会長に目を向けることで、新社長の言うことをあまり聞かなくなってしまうことも起こり得ます。

「前社長時代の古参の役員」との関係性に配慮する

会長になったあと、会社のためを思って物を言うのはいいのですが、事業の細かいところまで入っていくのはあまりおすすめできません。

会長ご自身が意識しなくても、前社長はどうしても影響力を発揮してしまうものです。

ですから、「もう新社長に任せているから」くらいのスタンスでいつつ、従業員にも普段からそのように言っておくことが大事です。とくに、「前社長時代の古参の役員」の人たちには、かならず伝えておきましょう。

結局のところ従業員は、「いま、誰がこの会社のトップなのか」を意識しているものです。会社を継がせて任せたのなら、とことん任せるスタンスが必要なのです。

「並走」は、思っているよりも難しいものと考えましょう。

理想を言えば、新社長が困って助けを求めてきたときだけ答えるのが、ベストです。

もし長年勤めている社員が、「会長、いまこうなっているんですよ」と言ってきても、「俺はもう新社長に任せているから、新社長に言ってくれ」と返してもらうくらいがいいのではないでしょうか。

実際のところ、会長が頼りにしていた「番頭さん」的な人を「現社長」がどう処遇するのかは、とても大切なことです。

前社長の右腕、左腕として長年営業や経理、総務畑でトップを張ってきた、会社を支えてきた優秀な人たちが、現社長に従ってくれれば問題ありません。

でも、その人たちが「社長が中学生のときにね…」というように、あの小さかった坊ちゃんが…と言われると、現社長としてはやりにくい面もあるでしょう。

とは言え、仕事ができる人たちなので、少なくともしばらくの間はいてもらわなければ困りますよね。

そんな人たちを切ってしまうことで、屋台骨が揺らいでしまうこともあり得るのです。

そこを調整できるのは、前社長である会長しかいません。

「新社長の言うことを聞いてやってくれ」

「何かあったとき、新社長に言えないなら言ってくれ。俺が取り持つから」

と言っておくことも、必要ではないでしょうか。

少なくとも、社長を飛ばして「前社長時代の古参の役員」の人たちに何かを言うことは避けるべきです。

むしろ、会長が「つなぎ」の役割をすると、スムーズに回るはずです。

ここは、もしかすると細心の注意を払うところなのかもしれません。

もちろん、「前社長時代の古参の役員」が「またこの新社長を支えるのか…」とならないために、現社長もしっかりしなければいけません。

事業承継は、とても奥深いものなのです。

14　銀行口座は数多く持つべきか、一本化すべきか？

不要な銀行口座は減らしつつ、個人口座は家族に把握してもらおう

会社を経営していると、銀行口座が増えていくこともあります。

また、個人で契約している口座も、お付き合いも含めていつの間にか増えてしまっているかもしれませんね。

「銀行口座は数多く持つべきか、一本化すべきか？」と聞かれたら、皆さんはどう答えますか？

会社の口座は、取引先の都合で指定されることもあるので、こちら側だけで決められない場合もあるでしょう。

その分銀行口座が増えるのは、仕方のない面もあります。

ただ、あまり多くの銀行口座がある状態は、管理しやすいとは言えません。

会社であっても個人であっても、数が多くなりすぎるのは、できる限り避けたほうがいいのではないでしょうか。

もちろん、資金調達できる可能性のある銀行を増やすために、数多くの口座を持つという選択肢もあります。

最近は法人の口座をつくりにくくなっていますが、自社にニーズがあるなら、ある程度の数を持っ

たほうがいいとも言えます。

会社の場合、ひとつだけに絞る必要はありませんが、管理のしやすさを検討しておくに越したことはありません。

社長個人の口座の場合は、できるだけ家族に知っておいてもらうべきです。

もっとも中小企業の場合、奥様などが経理や総務を担当しているケースもあり、そのときはすでに知っているので、否が応でもわかっている部分が多くなります。

でも、以前は関わっていた奥様が関わらなくなった、もしくはある程度会社が大きくなって専門のスタッフに任せるようになった、というケースはあり得ます。

その状態で社長が急に亡くなってしまうと、奥様を含む親族では会社の財務状況がさっぱりわからず、どうしていいか途方に暮れてしまいかねません。

会社のスタッフが社長個人の口座まで管理することはないので、社長個人の口座については、ご家族にもわかるようにしておきましょう。

そもそも、社長があまりにもたくさんの個人口座をつくってしまうと、いざ相続が発生したときに、どこの銀行に口座があるのか家族が把握できず、困ってしまいます。

まずは奥様やお子様に、どこにどの通帳があるか「見える化」しておきましょう。社長が先に亡くなったときは、奥様がお金を相続することが多く、またお子様は二次相続も考えなければいけないので、奥様やお子様がきちんと社長個人の口座を把握しておくべきです。

15　お子様に「個々の特別な事情」がある場合、どう考える？

まずは、現実を受け止めるところから

最近はニュースや新聞、ネットで「発達障害」という言葉を見ることが増えて、かなり広く認知されるようになりました。

いわゆる「障害者手帳」を交付されるほどではなくても、お子様が発達の特性を持っているケースはよくあります。

特性のあるお子様にパートナーがいれば、まだ安心感は増しますが、ずっとおひとりということもあり得ます。

このときに親として、どうすればいいかが問題になりますね。

確実な解決法はなかなか見つからないとは思いますが、ひとつ言えることは、早く課題や問題点を把握し、対策を始められると、状況は少しでも好転するのではないか、ということです。

でも現実的には、血がつながっているほど直視したがらず、結果的に放置してしまっていることが多く見られます。

親としてお子様を守りたいがために、あまり公にしないので、そのようなお子様がいることをまわりが認識できず、対策が進んでいかないのです。

ただ、いまは以前と比べて研究が進み、よりオープンになってきました。「障害」ではなく「個性」ととらえる風潮も出てきています。

実際、特定の分野で大きな成果をあげた人も少なくありません。

まずは、現実をしっかりと受け止めるところから始めたいですね。

心のなかで抱えていても、前に進まない

当事者、つまり兄弟に当たる人たちは、身内に特性がある場合には、それを十分にわかっているはずです。

親が健常な子に「この子を守ってくれ」と伝えて、その分多めに相続財産を与えるのも、ひとつの方法です。

もしくは、特性の度合によっては信託銀行が扱っている「特定贈与信託」を利用する方法もありますし、最近は「家族信託」という方法も注目を集めています。

判断を早くするためには、選択肢を知り、早く動き始めなければなりません。

「あまり世間の目に触れさせたくない…」

というお気持ちは、十分に充分理解できます。

一方で、いつまでも心のなかに抱えていても、本人にとっても、兄弟にとってもプラスにはならないでしょう。

もちろん、大勢の人に言う必要はありませんが、たとえば頼りになる弁護士でも税理士でも、「この人なら一緒に考えてくれてくれるかな」と思える人に相談し、善後策をしっかりと考えていくのはいかがでしょうか。

ひとりで考えるよりも、誰かに相談することで、何かしらの方法が見えてくる可能性は増えていきます。

相談経験のある専門家を見極めることも必要

もっとも、同じような事例を経験したことがある人でなければ、相談されても困ってしまうかもしれません。

ですから、ある程度は専門家を選ぶことも必要です。

とくに、相続案件をいくつも経験したことがある士業の人なら、「あ、前にこんなことがあったのですが…」といった話をしてくれるはずです。

その話を聞いたうえで、

「その方法なら、うちに合っているかもしれないな」

「いや、その方法はちょっと…」

といった話し合いを重ねていけばいいのです。

相談相手として適切かどうかの見極めは、もちろん簡単ではありません。

相談を受ける立場から正直に言うと、「じつはうちにひとり、こんな子がいて…」と言っていただくしかありません。

確定申告で「障害者控除」に数字があれば、身体的・精神的に何かある扶養家族がいるとわかるのですが、そうではない場合はさすがにわかりません。やはり、お話ししていただくしか把握する手段はないのです。

社長としての目で見極めて、「この人だったら言ってみようかな」と思える専門家に、話してみることをおすすめします。

抱えていても、話が前に進むことはありません。

専門家を選んだうえで、ためらわず相談していきましょう。

16 一度つくった遺言書、いつ書き換える？

資産や相続人が変わったときは、見直しが必要

そもそも遺言書は不要なのか、書いておいたほうがいいのかと聞かれれば、もちろん絶対に書いておきましょう、とお伝えしています。

これに関しては、とくに異論が出てくることはないでしょう。

ただ、遺言書は作成して終わりではありません。

遺言書には、書き換えのポイントがあります。それは何かと言えば、資産状況や相続人の変化です。資産を新たに購入したり、売却したり、相続人になる人が生まれたり亡くなったりしたときは、書き換えておかなければいけません。

また、資産や相続人に変化がなくても、数年に一度は見直すことをおすすめします。

何年に1回程度が望ましいかは、なかなか一概には言えません。

わたしが顧問をさせていただいている地主さんや社長さんであれば、変化を把握できているので、「遺言書、どうします?」という問いかけをしています。

少なくとも、「一度書いたから、それで大丈夫」というわけではないことを、認識しておいてくださいね。

17 遺言書は自分で書いてもいい?

遺言書は「公正証書」がおすすめ

遺言書は、大きく分けると「普通方式遺言」と「特別方式遺言」の2種類があります。

特別方式遺言は「想定外の事故や緊急の災害などによって死の危険が差し迫っている場合に、特例として使用できる」ものなので、一般的なものである普通方式遺言をベースに考えておけば十分ではないでしょうか。

普通方式遺言には、「自筆証書遺言」「公正証書遺言」「秘密証書遺言」がありますが、わたしは公正証書遺言をおすすめします。

なぜなら、遺言書が無効になったり、偽造されたりするリスクが少ないからです。

2名の証人の立ち合いのもと、遺言者が口述したことを公証人が書き留めてくれるので、不備による無効の可能性が減ります。

また、保管までしてくれるので、第三者による偽造や、紛失などのリスクも解消できるのです。

デメリットは、相続財産の額にもよりますが、数万円から数十万円の手数料が必要であることです。

このデメリットが気になる方は、自筆証書遺言でもいいでしょう。

いまは法務局の「自筆証書遺言書保管制度」というものがあり、この制度を利用すれば、無効になったり偽造されたりするリスクは解消できます。

自筆証書遺言のネックだった「検認（遺言書の偽造・変造を防止するための手続で、1～2カ月かかることもある）」が不要な点も、メリットと言えます。

ただ、内容に関するアドバイスを受けられない、本人が法務局へ行かなければならない（代理人は不可）といったデメリットがあることは、知っておきましょう。

自筆証書遺言を利用する場合は、保管制度を使う場合でも使わない場合でも、内容について専門家に事前相談をしておく必要があります。

遺言書の種類

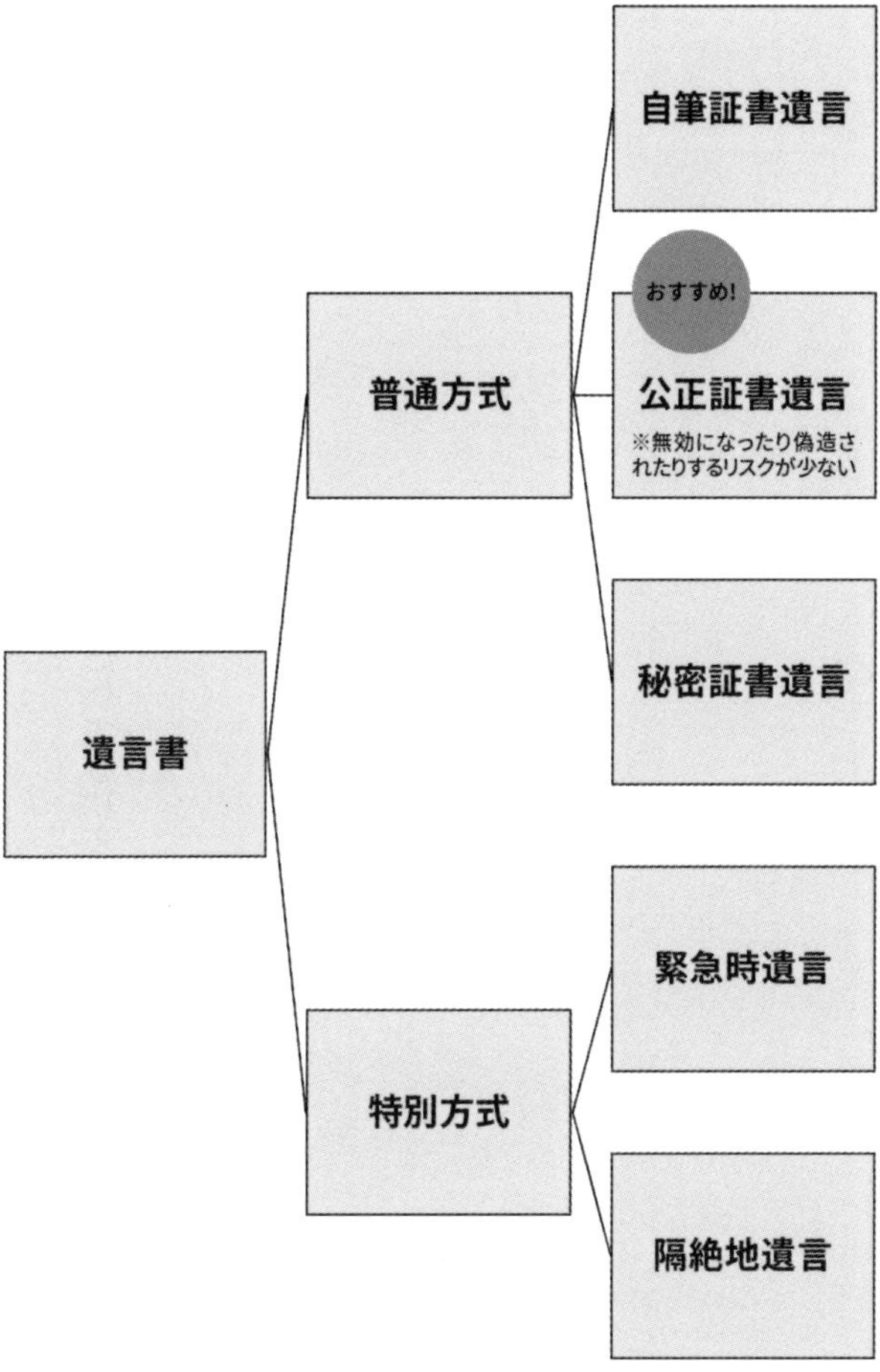

遺言書は絶対に書いておきましょう

おわりに

本書を最後までお読みいただき、ありがとうございました。

本書の主要なテーマは、どんな方法をとるにしても、残るべき会社は残してもらえる社会になるための考え方や、実践法です。

これからさまざまな分野でイノベーションが進み、なくなってしまう事業があるのかもしれませんが、その一方で業態が少々変わっても、社会に対してずっと貢献できる会社もあるはずです。そんな会社は、しっかりと残っていかなければいけません。

言い方を変えれば、会社というものはいつでも、世の中から必要とされる存在になるような動きをし続けなければいけないのではないでしょうか。

実際、創業者ががんばって立ち上げて、あとに続く人たちが時代とスタンスを合わせながら続いてきた会社はたくさんあります。でもそれは、親から子でなくてもいいのですが、それぞれの時代の人たちがずっとがんばらなければ会社は生き残れないことも意味しています。

ですから、そのときそのときで、もっとも相応しい人をトップに据えていくのは、非常に重要なことです。

お子様が後継者に相応しいか、社長さんにはしっかりと見定めてほしいですし、場合によってはバイアウトして、その会社が存続し、従業員の雇用も守られて、社会の役に立っていく。

そんな世の中であってほしいのです。

会社というものは、常に努力していなければいけません。そんなふうに「真っ当に」がんばっている会社に残ってほしいという思いでいます。

そして、もちろん、やりがいとともに責任が非常に大きい「社長」を長年務めた方々が、ひとりの人間としてしあわせに生きられる世の中になることも、わたしの願いです。

じつは今後の展開として、「社長の相談室」という窓口をつくりたいと考えています。

社長というのは孤独な稼業であり、そんな社長の皆さんから「とりあえず、清野のところで相談してみるか」と思っていただけるような立場になりたいのです。

これまで相続案件の相談を受けたお客様から、「相談したら、解決策が見つかるように思えた」と言っていただいています。社長の皆さんからも、そんなふうに言っていただけると、本当にうれしく思います。

いまは地主さんからの相続案件、賃貸経営案件の相談を解決するために、地元でコミュニティーである一般社団法人家続の会をつくって活動していますが、今後は社長の方々向けのコミュニティーもつくっていく予定です。本書をきっかけに、会社経営、事業承継、相続、生活全般すべてがうまく回るためのヒントを得ていただけたら、これに勝る喜びはありません。

しあわせな社長さんがひとりでも増えることを、心から願っています。

清野　宏之

著者略歴

清野　宏之（きよの　ひろゆき）

社長の資産専門税理士
税理士・行政書士・ファイナンシャルプランナー
清野宏之税理士事務所　所長
清野宏之行政書士事務所　所長
資産税専門税理士・生前相続デザイナー
一般社団法人家続の会　代表理事
茨城県を中心に、相続税・贈与税の税務申告書作成、タックスプランニング、不動産など資産活用アドバイス、富裕層の所得税確定申告分析・財産の「ふやす・まもる・分ける」のアドバイスを行う。
これまで500回を超える「相続税セミナー」に登壇し、年間30件近い相続案件を受け持つ。個別面談による相談実績は、1万件を超える。
税務顧問を務める大手ハウスメーカー、地元農協・不動産会社、ビジネスマッチングやコラボレーションをしている銀行・証券会社・生命保険会社といった数々の提携の発展型として、地域コミュニティ「一般社団法人家続の会」を設立。
2022年9月、「シニアライフ相談サロン　めーぷるつくば」オープン。
お客様の相談を親身になって聴き取り、人生のよきパートナー（相談相手）になるべく、活動をしている。
著書に『図解　子50歳・親80歳までに絶対知るべき生前相続』（セルバ出版）がある。

企画・編集協力　星野友絵・牧内大助（silas consulting）

社長の資産を守る本

2023年9月20日 初版発行　　2023年11月2日 第2刷発行

著　者　清野　宏之　

発行人　森　　忠順

発行所　株式会社 セルバ出版
〒113-0034
東京都文京区湯島1丁目12番6号 高関ビル5B
☎ 03（5812）1178　　FAX 03（5812）1188
https://seluba.co.jp/

発　売　株式会社 三省堂書店／創英社
〒101-0051
東京都千代田区神田神保町1丁目1番地
☎ 03（3291）2295　　FAX 03（3292）7687

印刷・製本　株式会社 丸井工文社

Printed in JAPAN
ISBN978-4-86367-840-8